삶을 나누는 시간

김석류 수필집

삶을 나누는 시간

초판인쇄 | 2023년 10월 7일
초판발행 | 2023년 10월 17일
지은이 | 김석류
펴낸이 | 김경희
펴낸곳 | 말그릇

　　　　(우)02030 서울시 중랑구 공릉로 12가길 52~6(묵동)
　　　　전　화 | 02-971-4154
　　　　팩　스 | 0504-194-7032
　　　　이메일 | wjdek421@naver.com

　　　　등록번호 2020년 1월 6일 제2020-3호

인　쇄 | ㈜쌩큐컴퍼니

ⓒ 2023 김석류
값 14,000원

ISBN 979-11-92837-00-0　03810

• 저자와 합의하에 인지는 생략합니다.
• 잘못된 책은 구입하신 곳에서 교환해드립니다.

이 도서의 국립중앙도서관 출판예정도서목록(CIP)은 서지정보유통지원시스템 홈페이지
(http://seoji.nl.go.kr)와 국가자료종합목록 구축시스템(http://kolis-net.nl.go.kr)에서
이용하실 수 있습니다.

삶을 나누는 시간

김석류 수필집

말그릇

여는 글

  일본 소설 《오싱》을 감동적으로 읽었습니다. 손주들에게 여행하면서 나의 이야기를 들려주고 싶은 꿈을 갖게 되었습니다. 이제 그 시간이 다가온 것 같습니다. 살아온 삶을 나누는 시간이 되었습니다. 고등학교 때 좌우명이 '열심히 살자'였습니다. 운명처럼 나름대로 열심히 살았습니다. 꿈을 향할 때마다 벽이 존재하였습니다. 그러나 좌절하지 않고 여기까지 왔습니다.

  교직을 명예퇴직하고 자서전을 한 권 내고 싶었습니다. 그러나 박사 학위를 받고 대학교 강의를 맡게 되면서 차일피일 미루게 되었습니다. 그동안 틈틈이 월간지와 계간지 등 여러 곳에 실었던 원고들을 모았습니다.

이제 첫 번째 수필집을 세상에 내놓습니다. 남아있는 인생은 꽃길만 걷고 싶습니다. 어떤 길도 꽃길이라 생각하고 걷겠습니다. 선물받은 하루하루가 귀하게 다가옵니다. 저의 글을 통하여 위로와 희망이 솟아나길 기원합니다. 살아갈 힘이 되어준 가족에게도 고마운 마음입니다. 힘들 때마다 새 힘을 주신 하나님께 감사드립니다.

2023년 10월

김석류

차례

여는 글 • 4

1장 _ 울지마 워킹맘

울지마 워킹맘 • 12

외할머니 • 16

기린봉의 추억 • 20

봉천동 새마을시장 • 25

길을 만들라 • 29

깔딱고개 • 33

불이야 • 38

새벽송 • 43

행운의 숫자 • 48

2장 _ 서울시민

서울시민 • 56

나전칠기를 바라보다 • 61

서천에 가면 • 65

논산 • 70

위도 상사화 • 74

아녜스 바르다 시네마와 시간여행 • 79

하사미동 • 84

곰배령 정상에서 • 90

빛나는 한글 이름 • 94

3장 _ 두 여인

두 여인 • 100

남산에서 • 104

청계천 연가戀歌 • 109

록펠러의 회심 • 114

세평 하늘길 체르마트 경계를 넘어서 • 119

미우라 아야꼬 문학관 • 124

마침내 수필 • 129

홍도야 울지 마라 • 134

장성 치유의 숲 • 144

4장 _ 빛이 나는 여자

빛이 나는 여자 • 150

꼬돌개 • 155

한국의 카프리 소매물도 • 159

오페라의 유령을 보았나요? • 163

동검도예술극장 7주년 • 169

장 미쉘 바스키아 • 174

거문도 해밀턴항구 • 179

두분동재 분주령 • 183

버킷리스트 지리산 • 188

버킷리스트 태백산 • 193

5장 _ 또 하나의 행복

또 하나의 행복 • 200

대학생이 된 말괄량이 삐삐 • 204

영호의 편지 • 208

복건토루 객가인 • 212

환상의 섬 조도와 관매도 • 220

풍도 楓島 붉배 • 225

해남 달마산 도솔암 • 229

한국의 갈라파고스 굴업도 • 234

전사 그리스도, 체 게바라 • 239

원추리꽃과 노고단 • 244

닫는 글 • 250

1장 _ 울지마 워킹맘

울지마 워킹맘

외할머니

기린봉의 추억

봉천동 새마을시장

길을 만들라

깔딱고개

불이야

새벽송

행운의 숫자

울지마 워킹맘

지난달 중순, 쓸쓸한 뉴스가 있었다. 아이 셋을 둔 30대 여성 공무원이 육아휴직을 마치고 보건복지부로 발령받았다. 일요일 새벽에 출근하여 계단을 오르다가 어지럼증으로 쓰러져 숨을 거두었다는 내용이다. 기사 앞부분을 보다가 목이 메어 더 이상 읽을 수가 없었다.

1980년대 우리나라는 인구억제정책으로 '가족계획'을 하였다. '아들딸 구별 말고 둘만 낳아 잘 기르자', '잘 키운 딸 하나 열 아들 안 부럽다'라는 포스터가 전봇대마다 붙어있었다. 새로 도입된 양수 검사는 기형아뿐 아니라 성(性)도 구별할 수 있었다. 불법이지만 남아 선호가 강한 사회여서 딸만 낳은 가정은 아들을 낳으려고 검사를 시도했다. 나도 딸을 둘 낳아서 양수 검사를 예약했다. 또 딸이라고 판명되면 생명을 포기해야 한다는 점이 고민되었다.

1983년 11월 셋째 딸을 낳았다. 교육청에 휴직을 신청했지만 휴직 제도가 막 도입된 시기여서 담당자들도 이해가 부족하였다. "휴직하면 복직이 된다는 보장이 없다", "언제 복직이 될지, 얼마나 기다릴지 장담할 수 없다"는 부정적 답변뿐이었다. 급히 도우미 할머니를 구해서 출근하였다. 새벽에 일어나 큰아이 유치원 보낼 준비를 하고, 둘째 아이 깨워서 밥을 먹이고, 막내 우유 먹일 준비까지 해놓았다. 서둘러 집을 나서다가 계단에서 구두 굽이 걸려 나뒹굴기도 했다. 헐레벌떡 버스에 올라 가까스로 학교에 도착하면 겨울인데도 몸이 땀으로 뒤범벅되었다.

 일하는 엄마가 적은 시절이라 직장에서도 배려해주지 않았다. 운동장 조회 날 지각하면 닫힌 정문 앞에서 끝날 때까지 지각한 학생들과 기다려야 했다. 마치 집에 가서 아이들이나 잘 키우라고 눈치 주는 것 같았다. 새 학기가 되면 시범수업자를 뽑아서 공개 수업을 하는데, 그해 명단에 내 이름이 들어있었다. 아기 낳고 몸도 채 회복되지 않았는데 과중한 업무를 맡았다고 선생님들이 측은하게 바라보았다.

 바로 두 해 전, 둘째 딸 출산을 2주 앞두고도 방학에 당직을 섰다. 임신중독 때문에 퉁퉁 부은 몸으로 나가 교장선생님이 불러주는 원고를 받아 쓰고 정리하였다. 이튿날 교장단이 독도에 간다고 들었다. 어지럼증에 아무 생각 없었는데 교통비라도 드려야 했던 것을 나중에 깨달았다.

 딸을 셋이나 낳았다고 교무실에서 선생님들이 수군거렸다. 시범수업까지 맡았으니 영락없이 교장선생님 미움을 산 것으로 짐작했다. 워킹맘으로 산다는 것이 서러웠다. 하지만 주먹을 불끈 쥐고 속으로 소리쳤다.
 '딸을 셋이나 낳았는데 무얼 못 하겠는가? 할 수 있다!'
 1년 중 가장 바쁜 신학기에는 시범수업을 피하려고들 하는데 나는 맨 먼저 하겠다고 했다. 수업을 마쳤을 때 "어려운 환경 중에 맡겨 미안했는데 좋은 수업을 보여줘 고맙다"는 교장선생님의 칭찬도 귓등으로 들렸다. 하염없이 눈물만 흘러내렸다.
 그 후 서울 봉천동 산동네로 발령받았다. 어린이집이 갑자기 문을 닫아 산 중턱 학교까지 한 달 동안 막내를 데리고 출근하였다. 아이들이 어려 집에서 가까운 학교가 절실했지만 다음에도 노량진 산꼭대기 학교로 발령받았다. 그래도 굴복하지 않았다. '여자는 약하지만 어머니는 강하다'라는 말이 실감 났다.

 지난달 사망한 복지부 워킹맘은 한 주간 70시간 넘게 근무했다고 한다. 새 업무를 익히느라 열심이었을 것이다. 하지만 산후 건강부터 챙겨야 했는데 안타깝다. 한창 엄마 손이 필요한 세 아이를 생각해도 가슴 아프다.

요즈음은 아빠들도 육아에 적극적으로 동참한다. 남자가 휴직하고 육아를 전담하기도 한다. 내가 딸들 키울 땐 여자가 직장에 가는 것이 보편화되지 않았다. 그래서인지 남편은 손 하나 까딱하지 않았다. 원망스러웠다. 딸 셋 키우며 흘린 눈물은 장독대 항아리에 넘치고 남을 것이다. 선배 워킹맘으로서 후배 워킹맘들을 위로하며 눈물을 닦아주고 싶다.

외할머니

　동네 금요시장에서 싱싱한 황석어黃石魚를 보니 문득 외할머니 생각이 났다. 소금에 절여서 항아리에 담갔다. 어릴 적 생선이 귀한 시절 황석어 젓갈은 밥 한 그릇을 뚝딱 해치울 수 있는 마법의 반찬이었다. 더운 여름, 짭짤한 황석어 두어 마리를 찢어서 찬물에 말은 밥 위에 얹어 주었던 외할머니의 모습이 새록새록 떠올랐다.

　운수업을 하던 아버지의 사업 실패로 가족이 흩어지고 나는 외가에 맡겨졌다. 동네 사람들이 놀러 오면 마루 한 귀퉁이를 가리키며 "네가 이곳에 앉아서 동네가 떠나가라고 울었지?"라고 말했다. 이만큼 자란 것이 대견하다고 하였다. 어린 시절의 외로움은 중년이 된 지금도 가슴이 시리다. 세 살부터 외가에서 살다가 초등학교에 들어가기 위해 주소지가 있는 부모님의 고향으로 갔다. 언니와 오빠는 도시에서 학교에 다녔다. 어머니는 어린 동생의 기저귀를 빨아오라고 내밀었다. 대야에 담아 냇가로 갔지만 어떻게 해야 할지 막막하였다. 냇물에 기저귀를 내려놓자마자 떠내려갔다. 기저귀를 붙잡을 수 없어서 발을 동동거렸다. 집으로 돌아오는데 야단맞을까 봐 걱정이 태산이었다. 학교에 입학하기 전날 외할머니가 찾아오셨다.

"이쁜아, 너 이곳에서 학교 다닐래? 외가에서 다닐래?"

할머니의 말이 채 끝나기도 전에 치맛자락을 붙잡고 따라간다고 하였다. 갑자기 살게 된 가족은 낯설고 불안하였다. 외국에 입양된 아이들이 이런 심정일까? 외할머니를 따라 기차를 타고 다시 외가로 오면서 마음의 안정을 되찾았다.

외가는 학교의 담벼락을 사이에 두고 있었다. 몹시 아픈 날에도 학교 종소리에 벌떡 일어나 준비하면 할머니는 다듬잇방망이를 들고서 겁을 주고 야단을 쳤다. 가끔 학교에 가기 싫다고 떼를 쓸 때는 달래어 보냈다. 그리고 짚으로 엮은 달걀 꾸러미와 담배를 사서 금방 뒤따라왔다. 많이 아팠다고 선생님에게 서슴없이 거짓말을 해 주었다. 동네 잔치에 가면 떡과 과일을 손녀에게 주려고 호박잎에 소중히 싸서 오셨다.

시골에서 명문 중학교에 합격하였는데 웬일인지 할머니는 기뻐하지 않았다. 공업단지가 세워져서 동네 아이들 모두 돈을 벌었다. 가난한 부모를 돕는 것은 당연하였다. 대학을 졸업하고 교사가 되어 찾아가니 너무 기뻐하였다. 방학이면 찾아뵙고 용돈을 드리면 단속곳 주머니에 집어넣으며 웃으시던 할머니의 모습이 눈에 선하다. 대학을 졸업하고 군대 간 오빠 대신 우리집 기둥 역할을 시작하였다. 키우지도 않은 딸에게 부담을 안겨 주는 엄마가 원망스러웠다. 외롭고 힘들 땐 추억이 깃든 외가로 발길이 향하곤 하였다.

어느 날부터 대문 밖을 향해서 혼잣말로 중얼거리는 할머니의 모습에 당황하였다. 전쟁 중에 월북해서 생사를 알 수 없는 큰외삼촌, 민간인 마을 폭격으로 큰이모가 아기를 업은 채 죽었다. 할머니는 자식을 둘이나 가슴에 묻고 평생을 살아야 했다. 그 아픔을 견디고 살다가 치매가 빨리 찾아온 것 같았다.

외할머니가 돌아가신 날은 겨울인데도 유난히 포근하였다. 이제 삶의 멍에를 다 내려놓고 하늘에서 편히 쉬고 있는 것처럼 느껴졌다. 외할머니와 어머니 모두 돌아 가셨지만 외할머니가 더욱 그립다.

나도 두 손녀의 외할머니가 되었다. 외출 중에도 손녀의 전화를 받으면 한걸음에 달려가는 바보 할머니가 되었다. 손녀가 집에 오면 무엇을 먹일까? 괜히 마음부터 분주해지고 그동안 키는 얼마나 자랐나? 손녀의 모습을 위에서 아래로 살펴본다. 실컷 놀다 간 후, 쑥대밭으로 변한 부엌과 거실을 바라보고 있으면 '손녀는 오면 반갑고 가면 더 반갑다'라는 우스갯소리가 생각난다. 이렇게 손녀 돌보기가 힘든데 우리 외할머니는 마루 끝에 앉아 밤낮으로 엄마를 찾으며 울어 대는 나를 달래며 키웠다고 생각하니 울컥해진다.

딸들이 모두 출가하여 외로워진 나, 불안 애착은 평생 아킬레스건이 되어 가슴 한 귀퉁이가 허전하다. 그때처럼 찬물에 밥을 말아 황석어 한 마리를 손으로 찢었다. 밥 한 숟갈을 뜨고 그 위에 생선 한 조각을 얹어 삼켰다. 음식이 몸 안에 들어가니 마음이 따뜻해졌다. 우리 손녀들은 이다음에 나의 어떤 모습을 추억할까? 큰손녀는 가끔 할머니가 해주시는 집밥이 먹고 싶다고 전화해온다. 둘째 손녀는 반찬은 무조건 '굴비!'라고 소리치며 단호하게 잘라 말한다. 이다음에 굴비 반찬만 보면 외할머니가 생각날까?

외할머니라는 단어가 오늘따라 너무나 소중하고 아름답게 느껴진다. 인간은 달과 같아서 해처럼 빛을 낼 수는 없고 반사만 할 수 있는 존재라고 한다. 정을 받아 본 사람이 정을 줄 수 있다는 말처럼 외할머니의 사랑을 받았기에 외손녀들에게 사랑을 나누어 줄 수 있었다. 내 안에 사랑은 퍼내어도 마르지 않는 샘물이 되었다.

기린봉의 추억

쌍무지개가 떴다. 여름이 긴 폭염으로 힘들게 해서 미안했는지 깜짝 선물을 가져다주었다. 가을 날씨처럼 하늘이 유난히 높고 눈부시게 푸르렀다. 바라보고 있기엔 너무 아까워서 집을 나섰다. 순환버스를 타고 남산을 향해 오르는데 마음은 벌써 고향 언덕에 가 있었다.

부모님은 시골에서 경제 기반을 잡았다. 외아들의 교육을 위해서 J시로 이사를 왔다. 어머니는 높은 이자를 준다는 H회사 사장에게 재산을 맡겼다가 몽땅 사기를 당하였다. 억장이 무너지는 일이었다. 궁여지책으로 도심에서 벗어나서 셋방살이를 시작하였다. 집값이 싼 지대가 높은 곳으로 옮겨갔다. 결국 기린봉* 자락의 마을에서 정착하게 되었다.
오빠는 서울대학교에 합격하여 상경하였고 우리는 방 두 칸을 얻었다. 창문도 없는 컴컴한 굴속 같은 방에서 나는 언니와 함께 생활하였다. 둘이 다리도 편히 뻗지 못할 정도의 좁은 방이었다. 햇볕이 잘 드는 창 넓은 방에서 살고 싶었다.

지대가 높아서 물이 귀했다. 우물이 있는 부잣집이 낮 동안 세 시간 대문을 열어 주었다. 나는 양동이를 들고 살금살금 대문 안으로 들어갔다. 행여나 두레박이 우물 벽에 부딪히며 소리가 날까 조심스럽게 물을 퍼 올렸다. 가난이라는 것이 이렇게 불편한 것이구나 어린 가슴에 슬픔이 일렁거렸다. 이 정도의 물로는 여섯 식구가 생활하기에 턱없이 부족했다. 기린봉 아랫마을 피란민촌에 옹달샘이 있었다. 밤중에 조금씩 고이는 물을 양동이에 담아서 날랐다. 산길을 밝혀주는 보름달은 다정한 친구가 되어주었다. 집과 언덕을 몇 번 오르내리면 등줄기가 땀으로 흠뻑 젖었다. 그래도 함께 사는 사람들 모두 겪는 일과여서 당연하다고 생각했다.

이런 생활 속에서도 사는 재미가 있었다. 저녁식사를 하고 나면 넓은 마루에 옹기종기 모여 앉았다. TV 방송을 보면서 화기애애한 분위기 속에 웃음꽃을 피웠다. 주인 할머니는 우리 할머니가 되었고, 그 아들은 자연스럽게 삼촌이 되었다. 여러 세대는 주인집을 중심으로 대가족을 이루었다. 한집에서 생활을 공유했던 추억은 가난이 가져다준 삶의 선물이었다.

운수업을 했던 아버지의 재산은 전쟁 중에 나라를 위해서 사용되었다. 전쟁이 끝나고 차를 되찾기 위해서 정부 기관에 탄원서를 내고 백방으로 알아보았지만 허사였다. 할 수 없이 아버지는 버스를 운전하면서 가족을 부양하였다. 술을 마시는 날이면 언덕을 올라오면서 울분을 참지 못하고 세상을 원망했다. 운수업으로 성공한 친구의 회사에서 일하는 신세가 되었으니 얼마나 자존심이 상했을까? 처자식의 생계를 위해 고생하신 아버지를 생각하면 눈시울이 뜨거워진다.

삶은 하나의 모험이고, 이 모험이 나를 벼랑으로 몰아갈 때가 있다. 그러나 포기하지 말고 계속 앞으로 나아가야 한다. 다음 모퉁이를 돌아서면 지금까지 보지 못했던 것을 만나게 될지도 모른다. 그것은 미처 꿈꾸지 못한 아주 멋진 일일지 모른다.

인생은 눈에 보이는 그 너머를 바라보아야 한다는 '린다 피콘'의 메시지는 내 삶에 생기를 불어넣었다.
 우리 동네 사람들은 무더운 여름이면 해 질 무렵에 기린봉 산등성이로 올라갔다. 어른들은 돗자리를 깔고 앉아서 도란도란 이야기꽃을 피웠다. 아이들은 천방지축 마음껏 뛰놀았다. 선풍기가 없던 시절, 서늘한 바람이 불어오면 기분이 상쾌하였다. 무언가 좋은 일이 일어날 것 같아서 콧노래가 절로 나왔다. 서쪽하늘에 발갛게 물든 석양을 바라보면 마냥 행복했다. 파란 하늘이 점점 노을빛으로 변해 가는 광경은 황홀하고 신비로웠다. 날마다 변화무쌍한 모습을 카메라에 담아 간직하고 싶었다.

커다란 붉은 해가 산 너머로 숨어버리면 기린봉 자락이 어느새 어둑해졌다. 그러면 마치 합창이라도 하듯 "어서 밥 먹어라~" 하는 엄마들의 목소리가 아련하게 들려왔다. 아이들은 날이 어두워지는 것을 못내 아쉬워하며 내려왔다. 그리고 내일이 빨리 돌아오기를 기다렸다.

큰 도로로 변해버린 기찻길을 지나 어릴 적 살았던 곳에 찾아가 보았다. 예전엔 시내에서 건널목에 다다르면 우리집이 이 근처에 있다면 얼마나 좋을까 생각하였다. 철길을 건너서 집에까지 가는 길이 멀게만 느껴졌다. 가파른 길을 오를 때엔 누가 금방이라도 뛰어나올 것만 같아 무서웠다. 그런데 다시 와서 걸어보니 아주 가까운 거리였다.

골목길을 돌아 살던 집으로 향했다. 발돋움하고 한참이나 그곳을 들여다보았다. 많은 기억이 영화의 필름처럼 머리를 스치고 지나갔다. 함께 살았던 어른들은 이제 모두 돌아가셨다. 나도 벌써 반백의 중년을 넘었다.

기린봉을 향해 발걸음을 옮겼다. 몇 걸음 오르자 우뚝 선 아파트단지가 눈앞에 나타났다. 전혀 다른 동네처럼 낯설었다. 아름다웠던 추억의 장소는 내 가슴속에만 있었다. 그때처럼 떡갈나무 숲속 안개 낀 오솔길을 걸어보고 싶었는데….

서울의 남산 위에서 빌딩 숲 사이로 저무는 석양을 바라보았다. 기린봉 산마루의 붉은 노을의 모습이 생생하게 떠올랐다. 가난했지만 날마다 소박한 꿈을 꾸었다. 그 시절이 너무나 그립다.

*기린봉 (271m): 전라북도 전주시 남동쪽에 있는 산을 말함. 산의 형세가 상서로운 동물인 기린이 여의주, 즉 달을 토해내는 듯한 풍광을 가졌다는 의미로 기린토월이라고도 불림.

봉천동 새마을시장

한겨울에 물안경을 끼고 손에는 붕대를 감은 이상한 아이가 버스 정류장에 있었다. 엄마에게 가려고 버스를 기다리는 중이었다. 아침마다 버스를 타고 가는 엄마를 생각한 것이다. 다행히 동네 아줌마가 달래서 집으로 데리고 갔다. 생각만 해도 아찔하였다.

셋째 딸을 낳고 몸도 회복되지 않았는데 산동네 학교에 발령을 받았다. 학교에 출근하기 위해서는 아침마다 한바탕 전쟁을 치러야 했다. 큰아이는 유치원에 보내고 둘째와 셋째는 도우미 할머니에게 맡겼다. 젖먹이 한 명을 돌보기도 힘드니 둘째는 거의 외톨이로 지냈다. 아침마다 엄마 가지 말라고 붙잡고 우는 아이들을 떼어놓고 출근하였다.

"학교 그만두렴, 굶기야 하겠니?"

이웃에 사는 친구가 채근하였다. 엄마가 가장 필요할 때인데 아이들을 생각해서라도 그만두라고 하였다. 나 또한 학교에 출근해도 아이들 걱정에 마음은 온통 집에 가 있었다. 정말 퇴직해야 하나 심각하게 고민되었다.

　수업이 끝나고 아이들이 돌아간 텅 빈 교실에서 조바심을 내며 퇴근 시간을 기다렸다. 마음이 심란하여 학교 근처 산동네에 있는 새마을시장으로 발걸음을 옮겼다. 동네 입구에 들어서니 시장이라고 할 것도 없는 구불구불한 골목길이 길게 뻗어 있었다. 길 양쪽으로 할머니들이 좌판 위에 작은 보따리를 풀어 놓았다. 채소와 나물, 과일 그리고 생선 등을 벌여 놓았다. 생선은 싱싱해 보이지 않고 과일은 볼품없었다. 하루에 단돈 얼마라도 벌어 보겠다고 앉아있는 할머니들을 바라보니 측은한 생각이 들었다. 어릴 적 나를 키워주신 외할머니 생각도 나서 울컥하였다. 그래서 대충 주섬주섬 한 보따리를 담고 돈을 내밀었다. 그날 이후, 나는 아이들 걱정에 당장 사표를 쓰고 싶은 마음이 들 때마다 새마을시장으로 향했다.

　시장길을 걸어가며 할머니들의 깊게 팬 주름살과 표정을 살펴보았다. 물건을 사고파는 사람들의 대화를 엿듣기도 했다. 가난한 환경 속에서도 웃으며 살아가는 사람들의 삶을 지켜보았다. 한 시간 동안 천천히 둘러보고 내려오면 이상하게 마음이 안정되었다. 아이들을 생각하며 눈물짓던 약해진 마음을 가다듬었다. 아이들에게는 가난을 물려주지 않아야지 하며 두 주먹을 불끈 쥐기도 하였다.

  4년 후, 서울에 많은 학교 중에서 산 너머 산동네 작은 학교로 발령이 났다. 버스를 두 번이나 갈아타야 하고 노량진 사육신묘 맞은편 언덕으로 올라가야 했다. 흑석동에서 버스를 기다리는 동안 매서운 한강 바람이 불어오면 서글픈 생각이 들었다. 포장되지 않은 울퉁불퉁한 산길을 붉은 흙먼지를 맞으며 올라가는 것은 고역이었다. 교통이 불편해서 선생님들과 봉고차를 렌트해서 출퇴근하기도 했다. 아침에 산동네에 태워다 주고 저녁에 산 아래로 데려다주니 마치 유배지에 온 것 같았다. 교실에서 한강의 유람선이 떠가는 모습을 바라보고 있으면 외롭고 처량하기까지 하였다.

  새벽에 일어나서 세 아이를 깨우고 도시락까지 준비했다. 큰딸이 막내를 유치원에 데려다주고 학교에 갔다. 둘째는 학교에서 오전, 오후반을 실시하고 있었다. 오후반일 때는 엄마의 전화를 받고 집을 나섰다. 학교에 가려면 차도를 건너야 했다. 횡단보도에 신호등이 없고 위험해서 항상 걱정되었다. 퇴근하면 서둘러 저녁밥을 짓고 다음 날 학교에 가져갈 준비물을 챙겨놓기에 바빴다. 아이들 숙제를 봐주고 집 안을 정리하다 보면 24시간이 턱없이 부족하였다. 세 아이가 소풍이나 현장학습을 가게 되면 새벽부터 서둘러 김밥을 준비하였다. 아침에 몸살이 나서 일어날 수 없어도 아플 권리도 없는 워킹맘의 삶이었다. 달력에 하루하루 동그라미를 쳐 가면서 생활을 하였다.

'오늘 하루도 갔구나!'

나는 힘들 때마다 새마을시장에서 종일 자리를 지키는 할머니들을 떠올리며 '조금만 더 참고 견디자!' 다짐하며 위기를 넘기곤 하였다. 열악한 환경이라 3년 만에 집 근처 학교로 발령을 받았다. '이제 큰 고생은 끝나가는구나' 깊은 안도의 숨을 내쉬었다.

봉천동 새마을시장이 있던 자리에 지금은 아파트단지가 우뚝 서 있다. 그때의 모습은 흔적도 없이 사라졌지만 가끔 생각이 난다. 뜨거운 햇볕 아래서 온종일 앉아있던 주름살 깊게 팬 할머니들이 감사하기도 하고 그립다.

길을 만들라

 고등학교 1학년 여름방학이 끝나고 개학이 되었다. 정문 양쪽 기둥에 새로 새겨진 학교 명칭이 왠지 낯설었다. 고개를 갸웃거리며 교실로 향하였다. 담임선생님이 자초지종 설명을 하는데 머릿속이 하얗게 변하였다. 나의 앞날은 어디로 흘러가는 것인가.
 고등학교 입학할 때 3년 전액 장학생으로 선발되었다는 통보를 받았다. 입학한 지 두어 달이 지나고 서울에서 어머니가 내려왔다. 부모님의 유일한 삶의 자랑은 언니와 오빠가 명문 고등학교를 졸업한 것이었다. 그래서 더욱 가정형편의 희생양이 된 딸을 보고 가슴 아파했다. 아버지가 서울에서 조금씩 자리를 잡아가고 있으니 함께 올라가자고 하였다. 서울에서 학원에 다니면 명문 고등학교에 충분히 합격할 수 있다고 장담하였다. 하지만 중학교 시절 학비 걱정을 달고 살아서 이 절호의 기회를 쉽게 포기할 수 없었다. 이미 고등학교 졸업장은 따 놓은 당상이었다. 그래서 열심히 공부해서 대학에 진학하겠다고 말씀드렸다.

여름방학 기간에도 매일 학교에 나갔다. 어느 날 복도를 지나가던 선생님이 나를 보고 잠깐 나오라고 손짓하였다. 설립자의 큰따님이고 명문대를 나온 재원이었다. S대만 합격하면 학비와 생활비를 보장할 테니 열심히 공부하라고 격려해 주었다. 그런데 불과 한 달도 채 되지 않아서 인문계 학교가 실업계 학교로 전환하였다. 나라에서 실업학교 육성을 장려하였고 학교 재정이 매우 열악한 상태였다. 나는 진퇴양난의 감옥에 갇히고 말았다. 이미 엎질러진 물 앞에서 어떻게 대처해야 할지 답이 보이지 않았다.

학교의 교육과정이 완전히 바뀌었다. 졸업 후 취직하기 위한 교과목 일색이었다. 장학생을 계속 유지하려면 상한선의 성적이 필요하였다. 주산 급수증을 제출하고 경리업무의 하나인 상업부기 과목도 이수해야 하였다. 설상가상으로 상업선생님에게 눈엣가시 같은 존재로 낙인이 찍혔다. 수업 시간마다 듣는 모진 소리는 내 가슴에 비수로 꽂혔다.

3학년이 되었다. 이젠 정말 발등에 불이 떨어졌다. 이대로 내 학력의 시계가 멈추어버린다고 생각하니 잠이 오지 않았다. 몇몇 학우들과 한 가닥 실낱같은 희망을 걸고 행동에 옮겼다. 학교 이사장 댁을 수소문해서 찾아가 항의를 했다.

"진학반을 신설해 주세요!"

교무부장인 상업선생님이 급히 교무실로 호출하였다. 이사장 댁을 찾아갔다고 역정을 냈다. 버릇없다고 한마디씩 거드는 선생님들의 곱지 않은 시선에 얼굴이 붉어지고 몸 둘 곳을 몰랐다. 며칠 뒤 재단 이사회에서 진학반을 신설해 준다는 깜짝 발표를 하였다. 우린 서로 부둥켜안고 기뻐하였다. 그 순간 세상을 다 얻은 듯하였다.

당장 예비고사를 대비하는 것이 급선무였다. 이 관문만 통과하면 어느 정도 상아탑에 한발 다가갈 수 있다. 1년 동안 인문계 3년 과정을 공부하기에 턱없이 시간이 부족하였다. 하지만 허기를 채우고 밤 늦도록 학업에 매진하였다. 무사히 예비고사를 치르고 드디어 발표날이 다가왔다. 도내 여자 실업계 고등학교에서 합격자를 가장 많이 배출하였다. 유명무실하고 재정난을 겪고 있는 학교가 모처럼 웃음꽃이 활짝 피었다. 말썽꾼들이 결국 해냈다고 선생님들이 이구동성으로 칭찬을 쏟아냈다. 마치 선생님들 자신이 성과를 이룬 것처럼 싱글벙글 잔치 분위기였다.

졸업식이 진행되는데 고등학교 졸업장을 손에 쥐기까지 있었던 일들이 주마등처럼 떠올랐다. 학생의 신분으로 억울한 누명을 쓰고 입술을 깨물며 참아야 했던 사건들이 장기기억 속에서 되살아났다.

6·25전쟁이 끝나고 산동네에 야학을 세운 계기가 학교의 설립이

었다. 이사장님은 사재私財를 쏟아붓고 투철한 교육관으로 가난한 학생들에게 꿈을 갖고 미래를 펼칠 수 있도록 길잡이가 되어주었다. 그동안 법조인도 배출하였고 수많은 인재를 양성하였다. 하지만 정치적인 소용돌이 속에서 학교는 내홍을 겪었다. 결국 군사정부 시절 새로운 이사회를 조직하고 학교 경영권이 넘어갔다.

학교설립 50주년에 비로소 명예 회복을 하고 설립자 동상 제막식이 거행되었다. 오랜만에 찾아온 학교는 '사범대학 부설고등학교'라는 교패가 눈 마중을 하였다. 험한 풍파를 지나고 인문계 학교로 자리매김하였다. 설립자 동상 앞에 서니 스승의날에 카네이션꽃을 들고 교도소에 면회를 가서 함께 울고 돌아온 일이 생각났다. 이사장님의 숭고한 정신에 진심 어린 감사의 묵념을 올렸다.

성수대교 남단 압구정동 사거리 주유소 옥상에 '길이 없으면 찾아라, 그래도 없으면 만들라'는 팻말이 높이 매달려 있다. 현대그룹 창업자 故 정주영 회장이 하신 말씀이다. 바라볼 때마다 고개가 끄떡여지고 눈시울이 뜨거워진다. 학창 시절의 경험은 불모지 서울살이의 밑거름이 되었다. 셰익스피어 희곡의 제목처럼 인생은 끝이 좋으면 다 좋은 기억으로 남는다. 되돌아보니 추억은 아름답다.

깔딱고개

책꽂이 선반 위에서 빨간색 표지 앨범을 찾았다. 묵은 먼지를 툭툭 털고 몇 장을 넘기니 여고 시절 수학여행 사진이 보였다. 빛바랜 사진 사이로 기억 언저리에서 서성이던 학창 시절의 생채기가 되살아났다.

방송에서 굴목재를 시청하였다. 문득 다시 한번 가고 싶다는 생각이 들었다. 위드 코로나가 시행되면서 여행 공지가 떴다. 내 마음을 진즉 알고 있다는 듯 굴목재 여정이었다. 떨리는 마음으로 얼른 신청하였다. 새털처럼 가벼운 나이 낭랑朗朗 18세에 다녀온 지 50년 세월이 흘렀다. 마음처럼 움직여 주지 않는 몸으로 과연 꼭대기까지 올라갈 수 있을지 걱정이 앞섰다. 블로그를 찾아서 기본정보를 수집하고 유튜브를 통해서도 열심히 눈요기를 하였다.

굴목재는 깔딱하고 숨이 넘어갈 듯해서 깔딱고개라는 별명이 붙었고 코가 땅에 닿을 듯 경사가 심하다는 글도 올라왔다. 나의 체력을 익히 알고 있는 지인도 부정적인 견해였다. 다리도 부실하고 이석증도 있어서 더욱 위축되었다. '내 나이가 어때서'라고 항변해 보지만 현실을 무시할 수는 없다.

이른 아침 잠실역에서 버스에 올라 순천을 향해 출발하였다. 트레킹을 아예 포기한다면 송광사로 가서 법정스님이 계셨던 불일암을 향해 올라가 볼 참이었다. 도착할 때쯤 선암사와 송광사를 버스로 이동해서 관광하는 팀과 굴목재 트레킹 팀으로 나뉘었다. 결정을 해야 하는 순간 오늘 못 오르면 영영 포기해야 한다는 생각이 미치자 기회가 주어졌을 때 올라가야겠다는 열망이 앞섰다. 가이드도 나의 간절한 눈빛을 감지하고 서두르지 않고 천천히 올라가면 갈 수 있다고 용기를 북돋웠다. 외길이라 산속에서 길을 잃어버릴 염려가 없고 시간도 자유로웠다. 만약 늦으면 중간지점인 보리밥집에서 식사하는 시간을 줄이면 해결될 것 같았다.

우리는 선암사에 도착해서 보물 제400호인 승선교를 배경으로 인증샷을 남기고 문화재인 해우소 '깐뒤'를 게 눈 감추듯 둘러보았다. 서둘러 울창한 편백 숲길로 들어섰다. 큰굴목재까지는 울퉁불퉁한 돌길 1.3km를 올라가야 했다. 아기단풍들이 새빨간 손을 흔들며 응원해 주는 듯하였다. 심호흡을 크게 하고 올라가기 시작하였다. 경사가 점점 심해지고 나선형 계단을 계속 돌고 돌아 올라가는데 현기증이 일어났다. 깔딱고개라는 말이 실감이 났다. 설상가상으로 오락가락하던 비도 더욱더 세차게 내렸다.

　낙엽이 쌓인 높고 좁은 돌계단을 힘겹게 올라갔다. 너무 숨이 차서 잠시 뒤를 돌아보니 올라 온 길이 아득해 보였다. 돌아가고 싶은 마음이 굴뚝 같았지만 선택의 여지가 없었다. 흠뻑 비를 맞으며 무거운 발걸음을 한 걸음씩 떼어놓는데 그때 그 시절이 떠올랐다.

　고등학교 수학여행을 제주도로 떠나는 추세였는데 담임선생님은 생각이 남달랐다. 제주도는 언제든지 기회가 있다며 쉽게 갈 수 없는 곳을 정하였다. 산악인답게 송광사에서 선암사로 넘어가는 굴목재를 계획하였다. 하지만 당시 우리집은 경제적으로 여력이 없어 중학교 때처럼 수학여행은 꿈도 꾸지 못하였다. 이런 사정을 눈치챈 담임선생님께서 반장인 내게 후미를 인솔하는 조건으로 비용을 면제해 주었다. 송광사 근처에서 1박을 하고 아침 일찍 굴목재로 출발하였다. 담임선생님이 앞장서서 인솔하며 나뭇가지에 종이쪽지를 매달아 놓기로 약속을 하였다. 뒤처진 친구들과 한참을 올라가는데 길을 표시하는 종이쪽지가 감쪽같이 사라졌다. 덜컥 겁이 났다. 우왕좌왕 숲속을 한참 헤매다가 겨우 길을 찾아서 내려왔다. 터널같이 우거진 숲길을 내려온 기억이 지금도 눈에 선하다. 해 질 녘에 도착하니 선생님과 친구들이 걱정하며 기다리고 있었다. 개구쟁이 친구가 선생님이 붙여놓은 종이쪽지를 모두 떼어버린 사실을 알았다. 우리는 넓은 방에서 빙 둘러앉아 밤이 늦도록 오락과 장기자랑을 하였다. 학년이 끝나고 종업식이 있던 날 선생님이 학교를 떠나게 되었다며 나를 불러 당부하셨다.

"너도 나처럼 성격이 강한 것 같구나. 모난 돌은 구르면서 다치게 된단다. 세상을 둥글게 살아가기를 바란다."

TV에서 템플스테이가 소개될 때마다 선암사에서 보낸 아름다운 추억과 선생님이 떠오른다.

깔딱고개를 넘을 때 만감이 교차하였다. 이젠 모두 내려놓으라는 듯 삶의 먹구름이 소낙비가 되어서 내리는 것 같았다. 자욱한 안개 속의 돌계단을 더듬더듬 천천히 올라갔다. 드디어 큰굴목재에 도착하였다. 가장 겁을 먹고 염려했던 구간이었다. 결국 해냈다는 뿌듯함에 덩실덩실 어깨춤이 절로 나왔다. 마치 고등학교 3학년 때 실업학교에서 기적처럼 진학반이 편성된 그날처럼 탄성이 터졌다.

겨울 숲속은 금방 어둑해졌다. 기뻐할 새도 없이 송광사를 향해 걸음을 재촉하였다. 목적지에 거의 도착하였을 때 물웅덩이를 성급히 건너다 그만 풍덩 아래로 미끄러졌다. 재빨리 젖은 몸을 일으키는 순간 헛웃음이 나왔다. 굳은살로 박여 가슴 한구석에 남아있던 학창 시절의 상처가 떨어져 나가는 것 같았다. 눈물 젖은 졸업장을 끌어안고 얼마나 가슴앓이하며 살았던가? 먼 길을 돌아와 조계산의 맑고 깨끗한 물로 오염된 영혼을 정화하였다. 50년이 지나 다시 찾아온 굴목재는 고행의 길이 아니고 수행의 길이었다.

불이야

건조주의보가 발령되고 전국에서 화재가 자주 발생한다는 뉴스가 나온다. 화재의 원인은 대부분 사람의 실수로 일어난다. 하지만 누전 등 예기치 못한 상황에서 일어나기도 한다. 빈집의 화재 원인을 조사하면 반려동물 고양이가 전자레인지를 발로 눌렀기 때문이다. 소방본부 관계자는 외출할 때는 가전도구 등에 반려동물이 접근할 수 없도록 펜스 등을 설치하는 것을 당부한다. 자라 보고 놀란 가슴 솥뚜껑 보고 놀란다고 뉴스에 불이 나는 장면이 나오면 가슴이 뛰기 시작한다.

오래전 일요일 오후, 압력솥에 통닭 튀김 요리를 시도하였다. 불안한 마음이 들었지만 소량의 기름을 첨가하고 압력솥 책자에 나와 있는 레시피이니까 괜찮겠지 생각하였다. 스텐으로 된 손잡이가 뚜껑 양쪽을 단단히 잡아주어 더 안심되었다. 솥을 가스레인지에 올려놓은 지 10분도 되지 않았는데 갑자기 뚜껑이 들썩거리며 빨간 불이 밖으로 새어 나왔다. 불의 혀가 날름거리는 것 같았다. 놀랍고 무서웠다. 순식간에 벌어진 일이라 어찌할 줄 몰라 쩔쩔맸다. 솥을 들어 다용도실로 옮기려고 하였지만 발이 바닥에 붙어버린 듯 꼼짝할 수 없었다. 기름과 물은 성분이 다르다는 것이 상식이지만 다른 방법이 없었다. 싱크대에 압력솥을 올려놓고 수도꼭지를 틀었다. 뜨거운 솥에 물이 닿자마자 연기가 천장으로 솟아올랐다. 깜짝 놀라서 비명을 지르니 방에서 놀고 있던 딸들이 뛰어나왔다. 둘째 딸이 하얀 연기가 자욱한 것을 보고 "불이야!" 소리를 지르며 현관 밖으로 나갔다. 곧이어 경비원이 헐레벌떡 달려왔다. 다행히 수돗물에 불은 꺼졌다. 부엌 바닥에 물이 흥건하고 난장판이 되었다.

　마음을 겨우 진정시키고 대야에 물을 담아서 땀으로 범벅된 얼굴을 두 손으로 닦았다. 검정 티끌들이 손바닥에 가득 까맣게 묻어났다. 거울을 보니 눈썹과 앞머리가 모두 탔다. 겁이 나서 얼른 약국을 찾아 나섰다. 휴일이라 모두 문을 닫았다. 한참 헤매다가 불이 켜진 약국을 발견하였다. 약사는 간장肝腸이 놀랐다고 약을 먼저 건넸다. 집에 와서 후끈거리는 열기를 오이 마사지로 진정시켰다.

　다음 날 학교에 출근하니 모두 놀라며 교통사고를 당했느냐고 물었다. 얼굴이 벌겋고 군데군데 검은색 얼룩이 보이고 윗입술이 올라

붙었다. 이 모습으로 어떻게 출근하였느냐고 안쓰러워하였다. 퇴근 후 집 근처 약국을 찾아가니 오이보다 감자를 갈아 전분을 섞어 얼굴에 붙이라고 하였다. 다행히 윗입술이 자연스럽게 제자리로 돌아왔다. 화상의 후유증은 오래갔다. 마사지를 받으러 가면 '피부결은 좋은데….'라며 말을 잇지 못하였다. 열심히 감자 마사지를 한 덕분인지 피부가 조금씩 회복되었다. 한번 태운 살이 더 윤기가 난다는 말이 있듯이 피부가 좋다는 말을 듣기 시작하였다.

 딸과 사위가 해외연수를 떠나게 되었다. 떠나기 전날 짐을 맡기고 교회에 가서 인사를 하고 온다고 하였다. 외손녀를 업고 음식 준비를 하느라 분주하였다. 가스레인지에 국을 끓이고 있는데 동생에게서 전화가 왔다. 내일 출국하는 딸 내외가 우리집에 와서 정신이 없다고 말하며 무심코 부엌 쪽으로 고개를 돌렸다. 순간 "악!" 소리를 질렀다. 바닥에 전화기를 떨어뜨렸다. 가스레인지에 발갛게 불이 붙어서 가스 호스에 옮겨가고 있었다. 비명을 듣고 방에 있던 남편이 놀라서 뛰어나왔다. 얼른 싱크대에서 물을 퍼서 쏟아부었다. 가까스로 불길이 잡혔다. 거실에 앉아서 통화를 하였다면 순식간에 불길로 휩싸였을 것이다. 바빠서 용건만 간단히 말하려고 부엌문 벽에 걸려 있는 전화기를 사용하였다. 불을 끄고 한동안 넋이 나간 듯 멍하였다. 위험한 사건은 강 건너 남의 집 일인 줄만 알았는데.

　케로릭 가스레인지가 110V를 사용하는 미국제품이었다. 트랜스를 통해 220V로 변환하여 사용하였다. 거기에서 스파크가 일어난 것이다. 불길이 솟는 순간 딸과 사위가 맡겨놓은 여권과 유로로 바꾼 생활비가 먼저 떠올랐다. 당장 내일 출국하지 못하면 어쩌나 하는 걱정이 앞섰다. 그저 딸네가 무사히 출국할 수 있다면 소원이 없겠다는 생각만 가득하였다. 정신없는 하루를 보내고 딸 가족과 공항으로 향하였다. 불길이 번졌더라면 어쩔 뻔했을까. 생각만 해도 끔찍하였다. 어미는 자식이 무사하면 그만이었다. 하나님이 바빠서 엄마에게 자식을 돌보라고 맡겨놓았다는 말이 있다. 잘 다녀오라고 손을 흔드는데 만감이 교차했다. 어미 된 마음이 이런 거구나 하염없이 눈물이 흘러내렸다.

　이런 사건을 겪은 후로 외출할 땐 가스레인지와 가스 밸브를 제대로 잠가놓았는지 보고 또 보고 여러 번 확인하는 습관이 생겼다. 완벽하게 확인하고 문을 열고 나갔다가도 불안해서 다시 들어온다. 거듭 확인하고 "틀림없이 확인했지?" 혼잣말로 중얼거린다. 장거리 여행을 떠날 때는 핸드폰으로 밸브 사진을 찍어놓고 불안할 때마다 들여다보고 안심하였다.

　가스 정기검사를 하는 검침원이 일정액을 부담하면 외출해서도 핸드폰으로 잠글 수 있는 장치를 소개하였다. 하지만 내 손으로 직접 OFF 방향으로 가스레인지와 밸브를 올린 촉감을 감지해야 안심이 되었다. 불에 대한 트라우마 때문에 외출할 때는 복잡한 절차로 시간을 허비하기 일쑤였다. CCTV로 나의 행동을 관찰한다면 분명히 정상이 아니라고 할 것이다.

  가스레인지를 새롭게 장만하면서 자동스위치도 설치하였다. 예약시간 5분 전에 '삐삐삐' 예비 신호를 하고 시간이 다 되면 '삐~' 소리를 내며 닫힘의 방향으로 돌아간다. 꺼진 불도 확인하는 불안한 마음은 현저히 줄어들었다. 난방을 많이 사용하는 겨울철이 돌아왔다. 느닷없이 소방차 사이렌 소리가 요란하게 울리지 않았으면 좋겠다. 화마가 없는 세상이 되길 기원한다.

새벽송

 KBS1 TV에서 '클래식 캐럴을 만나다'를 시청하였다. 요즈음 캐럴은 길거리 어디에서도 들을 수가 없다. 새벽송을 부르고 다녔던 어린 시절이 그립다.

 어릴 적 교회에서 크리스마스는 가장 큰 행사였다. 몇 달 전부터 배역을 정해서 연극 연습을 하고 크리스마스 성가를 연습하였다. 주일학교 시절에는 전교인 앞에서 노래를 부르고 춤을 추며 장기자랑을 하였다. 크리스마스 때는 교회에서는 푸짐한 선물을 장만하였다. 교회에서 일 년에 한 번 친구초청 행사를 했다. 교회에 나오지 않는 사람들을 초청하여 선물도 주고 기쁘게 찬양하며 즐거운 시간을 보냈던 것을 기억하고 있다.

 나는 중학교 때부터 새벽송을 불렀다. 통행금지가 해제되는 크리스마스 전야에 부모님께 허락받고 교회로 모였다. 게임을 하고 퀴즈를 맞혀서 선물도 받고 장기자랑을 하면서 즐거운 시간을 보냈다.

자정이 되면 새벽송을 부르기 위해 조를 짜서 구역별로 성도들의 집을 찾아 나섰다.

"고요한 밤 거룩한 밤~"

대문 앞에서 캐럴을 부르면 집 안의 불이 환하게 켜지고 삐걱거리는 나무대문의 빗장을 열었다. 반갑게 맞아주시고 준비한 조그만 선물도 건네주고 "메리 크리스마스~"를 외치며 성탄을 기뻐하였다. 어두운 밤에 동네에 캐럴송이 울려퍼지면 동네 개들도 합창하듯 짖어댔다. 이날만은 교회를 다니지 않아도 그러려니 새벽송을 인정해 주는 분위기였다. 여러 동네를 찾아다니면 추위에 손도 시리고 다리도 아팠다. 목도 쉬고 지쳐갈 때쯤 마당에 불이 환하게 켜있는 집으로 들어갔다.

장로님과 집사님들은 안방과 건넌방으로 들어가고 중학생인 우리는 툇마루에 옹기종기 모여 앉았다. 어른들은 부엌에서 금방 끓인 떡국과 동치미를 내왔다. 배가 고프고 추울 때 한 그릇의 떡국은 무엇과도 바꿀 수 없는 꿀맛이었다. 어두운 새벽에 수십 명의 새벽송 단원을 먹이기 위해서 떡국을 준비하고 있던 가족에게 감사하였다. 그 모습들은 어린 나에게 너무 아름답고 큰 감동으로 다가와 다짐하였다.

'나도 이다음에 이렇게 사람들에게 음식을 대접하며 살리라.'

내가 성인이 되었을 때도 몇 년 동안 새벽송이 존재하였다. 나는 거실에 한 상 가득 음식을 차려놓고 새벽송을 부르러 올 교인들을 맞이할 채비를 하였다. 성도들이 멀리 떨어져 살아 꽤 시간이 걸렸다. 음식을 차려놓고 기다리다 벽에 기대어 졸고 있었다. 그때 합창 소리가 들려왔다.

"저 들 밖에 한밤중에~"

잠결에 깜짝 놀라 현관문을 열고 반갑게 맞이하였다. 떡국을 준비하고 정성스럽게 진수성찬을 차렸다. 모두들 맛있게 먹고 기쁘게 돌아갔다. 어릴 때 툇마루에서 다짐했던 일이 생각나서 가슴 뭉클하였다. 음식을 대접하는 기쁨이 내 가슴에 강물처럼 흘렀다.

새벽송 시절의 감동은 대접하는 즐거움을 가져왔다. 여름방학에 교회 여름성경학교가 시작되면 수고하는 교사들에게 점심을 대접하였다. 평소에도 우리집에서 집사님들이 다과를 즐기며 이야기꽃을 피웠다. 해외 출장이 잦은 남편 덕분에 밤늦게까지 교회 사랑방 역할을 톡톡히 하였다. 정든 그곳을 떠나 서초동으로 이사를 오게 되었고 S교회에 등록하였다.

잠실에 사는 순장님을 대신하여 교회에서 가까운 우리집에 모여 성경공부를 시작하였다. 아시아선수촌아파트에서 행복하게 살았던 순장님은 남편 사업의 실패로 어려움을 겪고 있었다. 미국에 사는 동생이 초청을 해서 이민을 가려고 수속 중이던 어느 날이었다.

"집사님, 집사님 댁에서 성경공부하면서 참 많은 것을 느꼈어요. 미국에 가서 예전처럼 다시 잘살게 되면 저도 남을 대접하고 싶어요."

누군가에게 대접하는 기쁨을 가르쳐 주는 계기가 되었다. 그 후 동생의 초청으로 미국에서 생활의 안정을 찾게 되었다는 반가운 소식이 들려왔다.

어릴 때 새벽에 교회 종소리가 은은히 울려퍼졌다. 온동네에 평화와 기쁜 소식을 전해 주는 것처럼 듣기 좋았다. 언제부터인지 교회 종소리도 들리지 않았고 새벽송도 금지되었다. 교인들이 한동네에서 모여 살지 않아서 교통도 불편하였다. 또 사람들의 의식이 바뀌고 이웃에게 소음으로 피해를 주지 않는 문화가 형성되는 것도 영향을 미친 것 같다.

크리스마스 때가 되어 길거리를 걸어가면 가게마다 "징글벨 징글벨~" 캐럴이 흘러나왔다. 종교와 관계없이 크리스마스를 즐기던 지난날들은 추억의 뒤안길로 사라졌다.

아이들이 어릴 때는 전나무를 사다가 크리스마스 장식을 꾸미고 전구도 매달았다. 저녁마다 반짝이는 불빛에 아이들이 눈을 깜빡이며 신기해하고 기뻐하였다. 아이들이 잠들기를 기다리다 살금살금 다가가 머리맡에 산타클로스 선물을 가져다 놓았다. 카드 글씨가 엄마 글씨와 닮았다고 의심할 때면 산타클로스 할아버지가 바쁘다고 불러준 내용을 대신 적었다고 둘러댔다.

딸들이 각자 가정을 이룬 지금은 부부만 남아서 쓸쓸한 크리스마스를 맞이한다. FM 방송에서 캐럴송이 울려퍼진다. 외손자 외손녀들에게 줄 카드와 선물을 준비해야겠다. 촛불을 켜고 예수님 탄생의 감사기도를 먼저 드려야겠다. 감사합니다!

행운의 숫자

 제31회 하계 올림픽이 브라질 리우데자네이루에서 열렸다. 우리나라와 12시간의 시차가 있어 그런지 다른 때보다 국민들의 관심이 매우 적었다. 나는 세계적인 배구선수 김연경의 경기 장면을 보고 싶어서 첫 경기부터 알람으로 예약해 놓고 힘껏 응원하였다. 딸과 김연경 선수에 대해 이야기하는 중에 왕년에 나도 농구선수였다고 자랑스럽게 밝혔다.

 "엄마가요? 에이 농담이죠?"

 딸은 도무지 믿지 않았다. 지금의 나의 키와 몸매를 보면 믿지 못하는 것도 당연하였다. 그래도 엄마 말을 믿어 주지 않는 것이 못내 억울했다. 앨범에서 선수 시절 사진을 찾아 카톡에 증거를 보냈다.

 초등학교 때 키가 큰 편이었다. 외가에서 막내이모가 걱정스럽게 말했다.

 "너 키가 커서 중학교에 들어가면 창피해서 어떻게 다닐 거니? 박

신자처럼 농구선수나 하면 모를까?"

시골 학교에서 도시 중학교 입학을 앞둔 조카에게 잔뜩 겁을 주었다. 키가 커서 창피할 것이라는 그 말 한마디가 가슴에 새겨졌다. 중학교에 입학한 다음 날 농구부를 찾아갔다. 초등학교 때 달리기로 상 한 번 타 본 적 없었는데 겁도 없이 농구를 시작하게 되었다.

새벽에 일찍 학교에 가서 한 시간 운동하고 쌩쌩이 줄넘기를 하루에 백 개씩 연습하였다. 농구선생님이 멀리서 재빨리 던져주는 공을 받아내야 하였다. 피하면 더 벌을 준다고 하며 손에 힘을 빼고 받으라고 요령을 가르쳐 주었다. 하지만 날아오는 공이 무서워서 가까이 오면 아예 눈을 꼭 감고 손가락에 힘을 잔뜩 주었다. 일부러 연못에 공을 빠뜨려서 긴 대나무로 겨우 건져오는 벌을 받기 일쑤였다. 얼굴에 맞을까 봐 미리 손을 내밀고 잔뜩 힘을 주고 공을 받으니 손가락 열 개가 순식간에 다 삐었다. 퉁퉁 부은 손가락으로 익숙하게 공을 받아내는 훈련은 여간 고통이었다. 찬물에 손가락을 담그어서 부기를 뺐다. 자다가도 너무 아파서 손가락을 붙잡고 눈물을 흘렸다. 농구를 시작하고 얼마 후 오빠가 알게 되었다.

"무슨 계집애가 팬티 차림으로 농구를 하느냐?"

버럭 화를 냈다. 우리집에서 오빠의 말은 법이었다. 몰락한 집안의 대들보였다. 그 후로 내색하지 않고 계속 연습하였다. 희미한 불빛 아래 학교 운동장에서 농구 골대를 향해 중거리슛을 연습하였다. 오빠는 저녁 늦게까지 열심히 연습하는 동생의 모습을 몰래 지켜보았다. 자기가 다니는 고등학교 체육관에 오면 친구들이 다 알고 있으니 얌전히 행동해야 한다고 단단히 주의를 시키고 마지못해 허락하였다. 오빠네 학교는 체육관이 있어서 여러 학교가 모여서 경기가 열리곤 하였다.

매년 11월에는 1~2학년 선수들로 도내 재학생 시합이 열렸다. 2학년 5명이 정식선수가 되고 1학년은 당연히 후보선수로 뛰었다. 하지만 왼손잡이에 선배들보다 출중한 실력을 인정받고 유니폼 등번호 7번을 달고 나는 당당히 시합에 출전하였다. 2학년 때부터는 농구선생님이 체육장학생으로 선정해 주었다. 농구선생님은 Y대를 나오고 사회 과목을 담당하는 선생님이었다. 공부도 잘하고 운동도 잘한다며 동료 교사들에게 내 자랑을 하며 예뻐해 주었다. 3학년이 되어서 고등학교 진학을 위해 농구부가 해체되었다. 농구부 담당 선생님도 이직하고 서울로 떠났다. 그런데 나는 장학금을 받지 못하면 학교를 계속 다닐 수 없는 형편이었다.

3학년 7월, 여름방학을 앞두고 교장선생님께 부름을 받았다. 공립학교에서 학비 면제를 받고 있는데 나머지 육성회비는 왜 내지 않느냐고 호통을 치셨다. 오늘까지 내지 않으면 당장 퇴학이라고 단호히 말했다. 교장실 문을 열고 나오는데 하늘이 노랬다. 나는 이제 끝이구나 생각했다. 집에 왔지만 해결할 방법이 없었다. 어머니는 체념한 듯 학교에 가서 책가방을 챙겨오라고 달랬다. 나는 컴컴한 골방에서 한참을 울다가 불현듯 생각이 떠올랐다. 학교에 가서 무조건 체육선생님을 찾았다. 울면서 자초지종을 이야기하였다. 나를 안심시키며 일단 체육실에 가서 기다리라고 타일렀다. 체육실에서 선생님을 기다리는데 입이 바짝 마르고 가슴은 새까맣게 타들어 가는 것 같았다. 멍한 모습으로 그저 문만 응시하고 있었다. 점심시간이 다 끝나갈 무렵 선생님이 들어오셨다. 선생님 표정을 살피는 순간 긴장되어 심장이 멎을 것만 같았다.

"아휴 힘들었다!"

한숨을 길게 내쉬었다. 공립학교에서 나같은 존재가 무엇이 대단해서 중복으로 장학금을 주어야 하느냐고 교장선생님은 극구 반대하였다. 차라리 학생 두 명에게 혜택을 주어야 마땅하다고 하였다. 체육선생님의 간곡한 설득으로 조건부 허락을 받아냈다. 3학년이지만 어떤 종목이든지 대회에 나가서 학교를 빛내라는 조건이었다. 농구부는 이미 해체되어서 새로 시작하는 펜싱부로 들어갔다. 왼손잡이의 유리한 점을 살려서 방학 동안 맹연습하고 시합을 나갔다. 도내에서 단체전 준우승과 개인 종목 3등을 하였다.

어려움을 딛고 가방끈이 이어졌고 교육대학을 졸업하였다. 서울로 교사발령을 받고 교육청에 찾아갔다. 학무국장의 성함이 중학교 시절 교장선생님과 같았다. 동명이인인가 고개를 갸웃거리고 물어보니 틀림없었다. 너무 창피해서 쥐구멍에라도 들어가고 싶었던 교장실에서의 일들이 생생하게 떠올랐다. 그분 앞에서 교사 선서를 하고 발령장을 받으니 만감이 교차하였다. 영문도 모른 채 제자라고 무척 반기셨다. 그때 학생이라는 것은 끝내 밝히지 않았다.

시골뜨기 중학생이 이모의 말 한마디에 무턱대고 들어간 농구부 덕분에 무사히 중학교를 졸업할 수 있었다. 그렇지 않았으면 나의 학력의 시계는 중학교 중퇴에서 멈추어 있을 것이다.

우리나라 박지성 축구선수 등번호가 7번이었다. 잉글리시 프리미어 리그(ELP)에서 23골을 넣어서 아시아인 최초로 득점왕을 차지한 손흥민 선수도 7번이다. 농구 내 유니폼 등번호도 7번이고 내 인생에서 행운의 숫자도 러키세븐이었다.

2장 _ 서울시민

서울시민

나전칠기를 바라보다

서천에 가면

논산

위도 상사화

아녜스 바르다 시네마와 시간여행

하사미동

곰배령 정상에서

빛나는 한글 이름

서울시민

 인왕산 탐방에 올랐다. 김구선생이 총탄에 쓰러진 경교장과 홍난파 가옥, 딜쿠샤* 등을 둘러보았다. 북악산에서 윤동주 시인의 언덕까지 한양도성 순성길 전구간을 드디어 완주하였다. 남산 성곽길에서는 계단에서 넘어지는 큰 사고도 있었다. 서울시민이 되기 위한 신고식이었다.
 가을을 만끽하기 위해 '서울숲'으로 간다. 단풍잎들이 옹기종기 소꿉놀이하는 듯 모여 있다. 바람의 손짓에 우수수 떨어지는 낙엽을 스치며 숲속 길을 걷는다. 은행나무가 군락을 이루고 샛노란 이파리를 자랑하며 부채춤을 추고 있다. 아름다운 자연의 변화에 한껏 취해 보았다. 수도박물관 앞에서 한강으로 향하는 육교 위에 오른다. 삼각대에 카메라를 올려놓고 저녁노을의 순간을 포착하려는 작가들의 그림자가 길게 드리워져 있다.
 시원하게 펼쳐진 한강의 윤슬은 황금빛으로 찬란하게 빛난다. 동쪽 잠실벌판에 답답하게 늘어선 아파트 사이로 123층 롯데월드타워가 바벨탑처럼 우뚝 솟아 있다. 붉게 물든 노을의 태양은 무척 지친 모습이다. 압구정동 아파트 사이에 잠시 기대어 있더니 이내 사라진다. 그러자 금세 날이 어둑해진다. 서늘한 바람을 맞으며 천천히 걷는다. 성수대교에 불이 켜지면서 검붉은 모습으로 장관을 이룬다. 프랑스 센강변의 다리보다 더 웅장하고 황홀하다.

  20여 년 전, 성수대교가 붕괴되었다. 어린 학생들이 버스를 타고 등굣길에 참변을 당했다. 모두 32명의 목숨을 앗아간 대참사였다. 그들의 희생으로 더 튼튼하고 조형미를 최대한 살린 거버 트러스(Gerber Truss) 공법으로 재탄생하였다. 희생당한 가족들은 마지못해 숨을 쉬고 겨우 연명하고 살고 있으리라. 불빛에 출렁이는 물결 사이로 눈물방울이 어른거린다. 인생의 무상함에 눈물이 핑 돈다. 조금 더 걸어가니 동호대교가 바라보인다. 어둠이 내려앉은 물빛이 중랑천에서 흘러온 친구들과 축제를 벌이는 듯 오색 찬연하다.
  다리 너머 아스라이 골짜기에 빽빽하게 아파트가 들어서 있다. 저곳은 대통령과 국빈들이 헬리콥터를 타고 청와대에서 워커힐로 향하는 길목이었다. 군사정부는 외국인에게 부끄러운 장소로 철거를 단행했다. 무허가 빈민촌 철거계획으로 살 집을 마련해 준다며 성남시로 강제 이주케 했다. 서울역과 청계천 부근의 빈민에게는 '다시는 서울로 이사 오지 않겠다'는 서약을 받기도 하였다.

그 시절 학생들의 주소지를 확인하러 가정방문을 했다. 이들의 가난한 살림살이에서 공부시간에 배가 고파 졸고 있던 아이들이 이해되었다. 깡마른 몸집을 한 K의 커다란 눈망울이 애처로웠다. 선생님 눈치를 보며 졸음을 참으려 안간힘을 쓰던 모습이 떠오른다. 그들은 민주주의국가에서 주거의 자유가 보장되지 못하고 쫓기듯 서울을 떠나야 했다.

> 아무리 열심히 일해도 착한 사람이 살아갈 수 없는 곳이 이 세상이라면 달나라로 떠나야 한다는 말에 동조해서 굴뚝에 올라가 생을 마감한 난쟁이….

조세희가 쓴 《난장이가 쏘아올린 작은 공》의 내용이 가슴을 울렸다. 나는 타지역에 둥지를 틀 것을 생각하니 겁이 났다. 장대비가 내리는 새까만 어둠 속을 뚫고 그레이하운드 고속버스에 올랐다. 갑자기 고향을 떠나오니 외로워서 견딜 수가 없었다. 주말이면 서울역으로 달려가 기차를 타고 고향으로 향했다. 모든 것을 새로 익혀야 하는 교사 생활에 의논할 선배도 동기도 없었다.

결혼을 하고 예쁜 딸이 태어났다. 엄마 노릇을 하나씩 배워갔다. 아이가 셋이 되었을 때 워킹맘으로 살아가는 것은 견딜 수 없이 힘들었다. 아침마다 가지 말라고 매달리며 우는 아이들을 억지로 떼어놓고 눈물을 삭이면서 출근을 하였다. 나는 왜 이곳에서 하루하루 육아 전쟁을 치르며 살아야 하는가? 고향을 떠나온 운명을 자책하면서 다람쥐 쳇바퀴 돌 듯 살았다. 다행히 세 아이는 잘 자랐고 각자의 보금자리를 찾아서 떠났다.

아프리카 속담에 '빨리 가려면 혼자 가고 멀리 가려면 함께 가라'는 말이 있다. 서울 생활에 적응하느라 삶의 여백도 없이 하루살이처럼 살았다. 막내딸까지 결혼시키고 그만 쓰러졌다. 몸 안에서 에너지가 고갈되었다고 여기저기에서 이상 신호를 보내왔다.

고향에 내려가서 한의원에 입원하였다. 타향사람이라고 차별대우하는 환우가 있었다. 마음은 언제나 고향에 있는데 어느새 이방인이 되어 있었다. 나는 이북에서 온 피란민처럼 언젠가는 고향에 돌아가 살고 싶었다. 삶이 힘들 때는 모교의 플라타너스 나무 아래를 찾아갔다. 벤치에 앉아서 어렵게 공부했던 학창 시절을 상기하며 새 힘을 얻었다. 그런데 고향 사람들은 한마디로 '서울사람'이라고 단정지었다. 서울 생활은 청양고추처럼 매콤했다. 홀로서기를 하느라 대가를 톡톡히 치렀다. 이제 비로소 내가 살고 있는 곳을 바라볼 여유가 생겼다.

　나는 윤동주 시인의 언덕에 올랐다. 시인은 서촌에 살면서 이곳에 올라와서 사색을 즐겼다고 했다. 시비에 새겨진 〈서시〉가 가슴을 뭉클하게 한다.

　　죽는 날까지 하늘을 우러러
　　한 점 부끄럼이 없기를,
　　잎새에 이는 바람에도 나는 괴로워했다.

　일본 후쿠오카 감옥에서 이 언덕을 얼마나 그리워했을까? 해방을 6개월 남기고 27세의 청춘에 죽어간 그를 떠올리니 삶의 소중함이 새삼스럽다. 빌딩 숲으로 가득 찬 서울 시내를 두 팔 벌려 내 품에 꼭 안아본다. 이젠 서울시민으로 정을 붙이고 살아야겠다.

*딜쿠샤: 3·1 운동을 세계에 알린 미국인 앨버트 테일러가 살았던 집, 힌두어로 '이상향, 행복한 마음, 기쁨'을 뜻함.

나전칠기를 바라보다

〈칠, 아시아를 칠하다〉 전시 소식이 반가웠다. 우리 시대에 주변에서 볼 수 있었던 나전칠기 전시품이 낯설지 않았다. 아시아에서만 자생한다는 옻나무는 정제하여 칠로 만드는 과정이 수개월이 걸린다. 칠과 건조를 반복하는 인내의 시간이 필요하다. 동네에선 나전칠기에 대한 가내수공업이 성행하였다. 길을 지나가다 빼죽이 열린 대문 사이로 마당에 늘어놓고 말리고 칠하는 광경을 목격하였다. 여러 사람이 자개 문양을 붙이고 문질러 빛을 내는 모습도 보였다. 호기심에 안으로 들어가면 어른들은 옻나무에 닿지 않게 조심하라고 일렀다. 옻나무의 옻이 몸에 닿으면 발갛게 두드러기가 나고 가려웠다. 1970년대 새마을운동으로 공장으로 사람들이 몰려가고 사양길에 접어든 나전칠기 사업으로 빚쟁이에 시달리다 목숨을 끊은 사람도 있었다.

전시장은 우리나라를 비롯하여 아시아 여러 나라의 고급 공예품을 전시해 놓았다. 아시아 각 나라마다 개성이 있었다. 우리나라는 고려시대부터 패각류를 가공하여 꾸미는 나전기법이 발달하였고 중국은 옻칠 층을 겹겹이 쌓아 무늬를 조각하는 조칠 기법이, 일본은 옻칠 위에 금은 가루를 뿌려 무늬를 표현하는 마키에 기법이 선호되었다. 작품을 돌아보면서 화려한 시절을 뒤로하고 뒷방에서 명맥을 유지하고 있는 12자 자개장롱이 생각났다.

 1986년 방배동에서 서초동으로 이사할 때 허술하게 이삿짐을 묶는 바람에 호마이카 장롱이 우면산으로 날아갔다. 순식간에 일어난 일이었다. 깜짝 놀란 아저씨가 차를 멈추고 산으로 허둥지둥 올라갔다. 다행히 문짝을 찾아왔는데 문짝 속살이 떨어져 나가고 겉만 남았다. 장롱에 문을 달고 열어보니 덜컹거리고 속이 비어 출렁거렸다. 아저씨는 물어내라고 할까 봐 눈치만 보고 있었다. 나는 실수로 그렇게 된 일이니 괜찮다고 하면서 용달차 비용과 떡을 넉넉히 싸서 들려주었다. 아저씨는 땅에 코가 닿도록 고맙다고 몇 번이나 절을 하며 돌아갔다. 장롱문을 열 때마다 딜컹거렸다. 7년을 사용하니 이젠 장롱문이 주저앉을 것 같았다. 장롱이 제 할 일을 다한 것 같았다. 장롱을 사려고 논현동가구거리로 나갔다. 튼튼한 삼익가구를 마음에 두고 길을 가는 중에 나전칠기 가구점 앞에 '설날 세일'이라는 깃발이 높게 달려서 펄럭이고 있었다. 호기심에 구경만 하기로 하고 들어갔다. 잠깐 구경하고 나가려는데 주인아주머니가 나가지 못하게 앞을 막았다.

"거짓말할 사람같이 보이지 않으니 돈이 있는 대로 주고 가져가세요."

상담 중에도 빚 독촉을 하는 전화벨 소리가 계속 울렸다. 명절을 앞두고 자금난을 겪는 것 같았다. 가구점은 1층은 저렴한 것이고 2층과 3층으로 올라갈수록 고급가구를 전시해 놓는다. 우리는 1층에 있는 가구를 살 여력밖에 없었다. 12자 장롱과 문갑 2개 화장대까지 삼익가구를 장만할 비용으로 고급 자개장롱을 구매하였다. 7년 전, 가난한 용달차 아저씨를 원망하지 않고 불편한 대로 사용하였다고 하늘에서 복을 내려 준 것 같았다.

부의 상징인 자개장롱을 안방에 들여놓고 마냥 행복하였다. 보고 또 보아도 싫증 나지 않았다. 2000년을 앞두고 이장림 목사의 종말론이 스멀스멀 심심치 않게 전해지고 있었다. 지구의 종말을 대비해야 한다고 역설하였다.

"얘, 자다가 나팔소리가 나면 얼른 밖으로 나가야 한다."

신앙이 좋은 친구가 조카의 예언이라며 내게 전해주었다.

나팔소리가 나면 가장 귀중한 물건을 가지고 나가야 할 것 같았다. 우리 형편에 목돈으로 장만한 자개장롱이 우리집 보물 1호였다. 나팔소리가 나면 이 장롱을 어떻게 하고 휴거를 할 것인가 고민되기도 하였다. 부자들은 가진 것이 많아서 휴거를 못할 것 같았다.

2000년 지구의 종말은 오지 않았고 5월 5일 이곳으로 이사를 하였다. 자개장롱을 어떻게 해야 할지 궁리하였다. 안방은 옷만 걸 수 있는 간단한 원목장으로 맞추었다. 그렇게도 애지중지했는데 이제 버리자니 아깝고 가져오려고 하니 자리를 많이 차지하였다. 사람의 마음이 얼마나 간사한지 거추장스럽기까지 하였다. 주변에서도 자개장롱을 홀대하는 분위기였다. 미국이나 이탈리아에서 배를 타고 건너온 원목가구가 인기를 끌었다.

보드라운 융으로 반짝반짝 윤나게 자개장롱을 닦아주던 때가 엊그제 같은데 벌써 30년이 되었다. 이젠 뒷방에서 이불장과 옷장으로 사용하고 있다. 한때는 바라만 보아도 행복했는데 서로 덤덤하게 살아가는 부부처럼 자개장롱도 세월을 비켜 갈 수 없다. 유행이 돌아온다는 소식이 들린다. 다시 사랑할 수 있을까?

서천에 가면

 겨울 여행은 아침에 집을 나가기까지가 무척 힘이 든다. 그럴수록 꼭 가야 하는 이유를 떠올린다. 오늘 못 가면 영영 못 갈 수도 있다는 생각에 용기를 낸다.

 상업학교 3학년 때 진학반을 만들어달라고 친구들과 시위하였다. 기적처럼 진학반 편성이 되었고 1년 동안 입시 준비를 하였다. 예비고사를 치르고 발표날짜를 기다리는데 초조하였다. 내 모습이 안쓰러웠던지 언니가 옆집에 사는 할아버지를 따라 다녀오라고 권하였다. 할아버지와 K언니와 함께 군산으로 갔다. 그곳에서 배를 타고 장항에 도착하였다. 마중 나온 일행들과 택시를 타고 한참을 어느 동네로 들어갔다. 큰 대문을 열고 들어가니 별채가 있었다. 그곳에서 며칠 머물게 되었다.

 다음 날 새벽에 두 칸의 미닫이문이 활짝 열렸다. 안쪽에 좌정하신 할아버지께 어제 모시고 온 아저씨가 큰절하며 문안 인사를 올렸다.

잔칫상 같은 상에서 할아버지와 함께 아침식사를 하였다. 낮에는 동네 아주머니들을 따라서 바닷가로 굴을 따러 나갔다. 밤이 되면 방 안에 수북이 쌓아놓은 석화를 분리하는 작업을 하며 이야기꽃을 피웠다. 며칠 동안 극진한 대접을 받고 돌아왔다.

그 후 대학을 졸업하고 고향을 떠나왔다. 직장생활과 결혼으로 이어지는 시간 속에 20대가 후다닥 흘러갔다. 어느 날 친구 생일잔치에 다녀온 큰딸이 자기 방을 갖고 싶다고 하였다. 얇은 지갑을 들고 부동산을 이곳저곳 기웃거렸다. 대통령선거에 두 번이나 출마한 한얼교 교주의 사택이 급매물로 나왔다. 교인들 여러 세대가 한집에 살고 있었다. 무척 낡은 아파트였지만 가격을 절충하여 구매하였다. 한얼교 교주라는 말을 듣고 그때 할아버지가 문득 떠올랐다. 언니에게 물어보니 천진교 교주였다. 왠지 그분의 모습이 범상치 않았다. 풍채가 좋고 인품이 훌륭한 분이 무슨 연유로 변방에 방을 얻어 임시 거처를 삼았는지 모르지만 얼마 동안 이웃으로 살았다. 살림을 돕는 언니는 수녀처럼 천진교에 헌신하신 분이라고 하였다. 취업과 진학의 중간지대에서 앞날이 막막할 때 서천 바닷가에서 멍때리고 있었던 그 시절이 가끔 생각났다.

오늘 여행지가 서천이다. 마량진이 한국최초성경전래지라는 역사적 사실은 금시초문이었다. 영국 토마스 선교사가 1886년 제너럴셔

먼호를 타고 조선 땅에 도착하였다. 병사들에게 순교를 당하면서 성경책을 전해주었다. 종이가 귀한 시절 방에 도배하였다고 전해졌다. 그런데 최근에 새로 밝혀진 사실을 알게 되었다. 드디어 서천 마량포구에 도착하였다. 성경전래지기념공원에 그 당시 육지와 가깝게 정박한 리라호 배 모형과 이들을 문정(問情)하기 위하여 조대복이 승선한 조선 판옥선 모형이 우뚝 서 있었다.

1816년 영국은 인도 총독 애머스트 경을 중국 청나라에 사절로 파견하였다. 그때 사절단을 태우고 중국으로 향한 배가 알세스트호와 리라호였다. 함장은 머레이 맥스웰과 바실 홀이었다. 이들은 중국 사절단의 훈령을 받고 10일간 조선의 서해안을 탐사하였다. 첫 번째 옹진군 소청도이고 두 번째는 충청남도 서천군 그리고 진도의 상조도였다. 이곳 서천군 마량진에서 첨사 조대복과 비인현감 이승열에게 모두 세 권의 책을 주었는데 그중에 한 권이 성경이었다. 바실 홀은 고국으로 돌아가서《조선 서해안과 류큐 항해기》라는 여행기를 썼다.

우리는 마량포구로 향하였다. 이곳은 해맞이와 해넘이를 모두 볼 수 있는 독특한 장소이다. 리라 호가 겨우 허락받고 정박한 장소가 어디인지 궁금하였다. 조대복과 이승열은 서가의 두꺼운 책들을 보고 놀랐다고 한다. 나도 영국 여행 중 대영박물관에서 호화로운 성경책들을 보고 놀란 적이 있다. '타이타닉호'보다 2년 뒤에 건조된 '둘로스선교선'이 96년 동안 세계 여러 나라를 운항하였다. 2009년 마지막 항해 중 인천항에 입항하였다. 사람들은 배 안의 모습을 구경하고 세계 각국의 다양한 책들을 구입하였다. 1800년대 가죽으로 된 성경책은 조선인들의 눈에 얼마나 신기해 보였을까?

인터넷에서 비밀번호를 잊었을 때 '당신의 보물 1호는 무엇입니까?'라고 묻는 힌트 질문이 있다. 나는 항상 성경책이라고 썼다. 기독교 서점에서 선물용으로 성경책을 사곤 하였다. 학교에서 담임하고 있는 아이들에게도 성경책 선물을 많이 했다. 6학년 담임일 때는 졸업식에 신약성경을 한 권씩 선물하였다.

십여 년 전, 연변과학기술대학교에 근무하는 교수님 부부가 임기를 마치고 한국에 돌아오기 전 지인들을 초청하였다. 성경책을 많이 가져오라고 당부하였다. 여러 권의 성경책을 트렁크에 조심스럽게 넣고 출발하였다. 기독교 탄압이 점점 심해지고 성경책 반입도 금지한다고 하였다. 다행히 무사히 통과되었고 연변교회에 성경책을 기증하였다. 한국최초성경전래지에 와서 사방을 둘러보니 가슴이 뭉클하였다. 삶이 힘들 때 성경책에서 위로받고 용기를 얻곤 했다. 200여 년 전 조선 땅에 처음 들어온 성경책이 나에게 전해지기까지 얼마나 많은 일이 있었을까?

마량리 500년 수령 동백나무가 80여 그루 군락을 이룬 동백숲으로 올라갔다. 세 번 핀다는 동백꽃을 바라보았다. 동백처럼 끈질기게 계속 피어나는 신앙에 대해 생각해본다. 사람들은 등 따숩고 배부르면 하나님을 찾지 않는다고 한다. 1인당 국민소득 삼만 불시대가 되면 신앙을 중요하게 여기지 않는다고도 했다.

  삶이 힘들 때마다 새벽예배에서 눈물을 흘리며 기도했던 일들이 스쳐 지나간다. 전망 좋은 동백정에서 석양을 바라본다. 고요 속에 마음이 차분해진다. 역사적인 장소 서천에 오길 참 잘하였다.

논산

장마전선이 물러갈 기미가 보이지 않았다. 예약을 취소해야 하나 망설였다. 나에게 특별한 의미를 담고 있는 장소여서 다녀오고 싶었다.

새벽 5시 빗속을 뚫고 집을 나섰다. 지하철 4호선 오이도행으로 갈아타니 작업복 차림으로 배낭을 옆에 끼고 졸고 있는 남자들이 대부분이었다. 혹여나 잘못 탄 것은 아닌가 당황스러웠다. 이런 궂은 날씨에도 일을 찾아서 어디론가 가고 있는 모습들이었다. 배낭을 어깨에 멘 나의 모습이 이방인 같았다. 머뭇거리다 구석진 자리에 슬그머니 앉아서 고개를 푹 숙였다. 일곱 식구를 위하여 새벽에 집을 나섰던 아버지 모습이 생각났다. 가장들은 식구들의 생계를 위해서 막노동이라도 감내하였다. 고생만 하고 돌아가신 아버지 생각에 눈시울이 뜨거웠다.

사당역에서 관광버스에 올랐다. 하늘은 먹구름으로 덮여 있고 는 개가 내리고 있었다. 충청도에 들어서니 거센 소나기가 퍼붓기 시작하였다. 오늘 일정이 불안하였다. 첫 번째 일정인 종학당에 도착하였다. 다행히 비는 조금 잦아들었다. 아담한 터에 백록당과 정수루 그리고 종학당이 옹기종기 자리 잡고 있었다. 한옥 누각 정수루에 올라서니 야트막한 산 아랫마을 풍경이 고즈넉하였다. 배롱나무가 꽃망울을 맺기 시작하였다. 만개하면 한옥과 어울린 풍경이 장관일 것 같았다. 종학당은 인조 21년(1643년)에 세운 사설 교육기관이다. 파평 윤씨 문중의 내외척, 처가의 자녀들을 합숙하며 교육한 곳이다. 일반 서원이나 서당과는 다르게 교육목표와 교육과정, 학칙을 정하여 시행하였다. 창건 후 280여 년에 걸쳐 42명의 문과 급제자와 31명의 무과 급제자 그리고 수많은 생진 및 석학을 배출하였다. 문과급제 40명 이상을 배출한 집안은 조선 500년 역사에 처음이라고 한다.

두 번째 방문지 명재고택에 도착하였다. 집 앞에 연못이 우리를 마중하였다. 뒷산에 소나무가 병풍처럼 둘러싸인 배산임수 집터가 명당자리였다. 안채 외에는 울타리가 없어서 누구나 격의 없이 드나드는 구조였다. 많은 항아리는 전해오는 장맛을 증명하였다. 초가에는 게스트하우스를 운영하였다. 숙박하면서 사색의 길을 걷고 명재 윤증의 인품의 흔적을 느끼고 싶었다. 명재 윤증은 종학당의 초대 사장師長이었다. 그는 86세에 세상을 떠날 때까지 단 한 번도 관직에 나아가지 않았다. 그럼에도 불구하고 조선의 선비들은 학문적, 인격적으로 그를 존경하고 따랐다. 지방에 거주하며 권력과 거리를 두었던 그를 두고 '백의정승'이라 불렸다. 조선 19대 숙종은 얼굴 한 번 보지 않은 그에게 우의정의 벼슬을 내리기도 하였다.

문득 '충청도 양반'이라는 말이 생각났다. '경상도 양반, 전라도 양반'이라는 말은 일반적으로 사용하지 않았다. 행동이 급하지 않고 말씨도 점잖은 사람을 '충청도 양반'이라고 빗대어 말했다. 명재 윤증과 파평 윤씨 자녀교육의 장인 종학당의 입소문이 충청도 양반의 시금석이 된 것 같다.

세 번째 방문지 논산시 채운면 야화 1리 솟대마을로 향하였다. 먼 옛날 백제 의자왕이 화초를 가꾸며 꽃놀이했다는 전설을 품고 있는 마을이다. '경관이 없으면 경관을 우리가 만들자.'라고 마을 주민들이 힘을 모았다. 솟대를 세우고 해바라기를 심고 벽화마을을 조성하였다. 담장 너머에 능소화가 피어있고 벽화는 입체적으로 특색있게 꾸몄다. 벽화가 색감이 깔끔하고 하나의 예술품처럼 느껴졌다. 솟대와 장승이 서 있는 길을 조성하고 해마다 해바라기축제도 열리고 있다. 평범한 농촌 마을이 전국에서 찾아오는 명소가 되었다.

근처 강경미내다리는 폭우로 통제되었다. 오고 싶은 특별한 장소였는데 아쉬웠다. 대학에 입학하여 방학이면 친척 가게에서 일을 하였다. 성적순으로 발령받게 되어 있어서 시험 기간에는 최선을 다하였다. 시험이 끝나자마자 방학이 시작되면 이모가 전화를 하였다. 며칠이라도 쉬고 싶었지만 입 하나라도 덜고 싶은 어머니의 눈치가 보였다. 다음 날 기차를 타고 가는 내내 마음이 착잡하였다. 한 달 동안 가게와 집안일을 하고 어린 외사촌 동생을 돌보았다. 친척 집에 놀러 온 것이 아니고 학비를 벌기 위해 온 아르바이트생이었다. 외출은 생각도 못 하였다. 저녁에는 동네 아이들을 모아서 과외를 하고 부족한 학비를 충당하였다. 돌아오는 기차 안에서 듣는 기적소리는 방학이 끝났다는 알람 소리였다.

  서울에서 교사로 재직하며 고향으로 향하는 기차는 이곳을 통과하였다. 타향살이의 설움을 견뎌낼 수 있었던 훈련장이었다. 길이 없으면 찾고 그래도 길이 없으면 만들었던 지난날이었다. 고진감래의 시간이었다.

위도 상사화

드디어 출발했다. 몇 주 전부터 개화 시기를 엿보았다. 더 이상 미룰 수가 없었다. 상사화, 고슴도치를 닮은 섬 위도蝟島에서만 볼 수 있다고 해서 더욱 기대가 컸다. 부안 격포항에서 출발을 앞두고 갑자기 국지성 호우로 배 운항 시간이 단축되었다. 서울에서 먼 곳을 왔는데 다른 선택의 여지가 없었다.

11시 30분에 배를 탔다. 변산반도에서 서쪽으로 14.6km 떨어진 섬이다. 50분 만에 위도의 파장금항에 도착했다. 귀여운 고슴도치 조형물이 우리를 반겼다.

1970년대 초까지 해마다 봄과 가을 조기 떼가 몰려들 때면 전국 각지에서 고깃배와 장사꾼들이 찾아와 파장금항엔 파시波市가 들어섰다. 이 '위도파시'는 흑산도, 연평도와 함께 서해 3대 파시로 유명했다.

지체할 시간이 없이 유일한 교통수단인 순환버스에 올랐다. 문화

관광해설사인 운전기사의 설명이 시작되었다. 입담이 좋고 제주도와도 안 바꾼다고 허풍을 섞었다. 위도 주민들의 가정사를 줄줄 꿰고 있어 한참 설명하다가 말본새를 바꾸었다.

"어찌까 몰라?(으짜스까 몰라?)"

추임새를 놓는 전라도 사투리 억양이 어찌나 웃기는지 나중에는 반복할 때마다 저절로 따라서 합창했다. 여러 방송국의 TV 프로그램에 출연한 이력이 있다며 자랑했다. 고장을 진심으로 사랑하고 적극적으로 홍보하는 모습이 멋져 보였다.

고등학교 때 친구네가 하숙집을 했다. 위도에서 온 하숙생이 우리 또래였다. 그때 위도라는 섬을 처음 알게 되었다. 섬에서 도시로 유학을 보냈으니 대단한 집 아들로 간주하였다. 2018년에 부안에서 열린 수필 세미나에 그가 군수 자격으로 축사해서 깜짝 반가웠다. 자기 고장에서 군수를 하고 있으니 이만하면 성공한 인생이었다. 원님을 배출한 섬이라고 운전기사도 자랑했다. 빨간지붕을 가리키며 지금도 부모님이 살고 있다고 말했다. 대궐 같은 기와집을 상상했는데 초라했다. 자식을 육지로 보내고 교육시키느라 고생했을 부모를 생각했다. '잘난 자식은 나라의 자식이고 빚진 자식만 내 자식'이라는 유행어가 생각났다. 자식은 부모의 면류관이라는 성경 말씀처럼 우리네 부모들은 자식에게 다 내어 주고 자부심 하나를 붙잡고 여생

위도 상사화 75

을 보내고 있다.

　배 시간이 촉박해서 상사화군락지에 머문 시간은 딱 5분이었다. 꽃잎이 지고 꽃대 위에 하얀색 꽃이 예뻤다. 잎과 꽃이 서로 만나지 못한다 해서 상사화라고 한다. 늘씬한 키에 면사포를 쓴 신부가 수줍게 서 있는 자태였다. 청순한 아름다움에 왠지 쓸쓸함이 느껴졌다. 열흘 동안 아름다움을 뽐내며 사랑을 나누다 헤어져야 하는 안타까움이 서려 있었다.

　"이제 그만 오세요. 배 놓쳐요!"

　재촉하는 소리에 떨어지지 않는 발걸음을 옮겨야 했다. 1993년 10월에 파장금항에서 격포항으로 향하던 배가 침몰해서 292명의 사상자를 낸 큰 사고가 있었다. 221명이 정원인데 141명을 더 태웠다. 거친 파도에 무리하게 운항해서 빚어진 인재人災였다. 안전불감증에 경종을 울렸다. 변산 바닷가에서 바라만 보던 위도를 겨우 찾아왔지만 천재지변엔 어쩔 수 없었다.

　아이들이 어릴 적 여름방학이 시작되면 변산해수욕장에 찾아왔다. 바닷가 모래사장에 있는 민박집에 짐을 풀었다. 시설은 어설펐지만 가까이에서 바다를 마음껏 즐길 수 있었다. 새벽녘 철썩이며 밀려오는 파도소리는 금방이라도 방문을 밀치고 들이닥칠 것만 같았다. 무섭고 떨렸지만 스릴이 있었다. 새벽녘 아무도 걷지 않은 고요한 바닷가는 아이들의 커다란 스케치북이었다. 막대기로 그림을 그리고 글씨를 썼다. 썰물로 빠져나간 널따란 백사장에서 아이들은 마음껏 뛰어놀았다. 며칠 쉬었다가 친정에 들르는 것이 연중행사였다.

아이들이 물놀이를 나간 오후, 한숨 돌리며 툇마루에 앉아 아련히 보이는 섬을 바라보았다. 주인아주머니는 위도라고 알려주었다. 허균이 공주 목사로 재직하다 파직당한 뒤 전북 부안 정사암에서 정자를 짓고 《홍길동전》을 집필했다. 그는 위도를 자신이 꿈꾸던 율도국의 모델로 삼았다고 한다.

호기심이 일었지만 선뜻 배를 타고 갈 수는 없었다. 아이들 하루의 뒤치다꺼리도 힘겨웠다. 이제 찾아왔지만 그마저도 한 시간 허둥대고 머물다 떠나왔다.

점심을 먹는데 위도 대신 변산 마실길의 상사화를 볼 수 있다고 했다. 뜻밖의 소식에 서둘러 변산 마실 2길 입구로 걸음을 재촉했다. 새만금 사업으로 인하여 아름다운 변산해수욕장의 옛 모습은 사라졌다. 초라한 노인의 모습처럼 근처의 격포항에 자기의 청춘을 내어주었다. 우리네 인생의 모습을 닮은 것 같아서 마음이 아렸다.

바닷가에 갈매기 떼가 무리 지어 날고 있었다. 백로들도 떼를 지어 바위에 앉아서 한가로이 놀고 있었다. 이런 모습들이 바다가 그리움의 대상이 되는 것 같다.

입구에 들어서자마자 노란색 상사화가 양쪽에 나란히 줄을 지어 피어 있었다. 산길에 길동무가 되어주기 위해 마중 나온 것 같았다. 바다와 꽃길 사이의 마실길은 아기자기해서 산책하기에 안성맞춤이었다. 널따란 산자락에 하얀색 상사화가 피어있었다. 마치 위도에서 눈 맞춤 할 시간도 부족했던 아쉬움을 아는 듯 기다리고 있었다. 보고 또 보고 바다를 배경으로 갖은 포즈를 취하며 인증 사진을 찍었다. 다음을 기약한 위도의 상사화에 미안했다. 나는 당신뿐이라고 맹세하고 돌아선 나쁜 남자 같았다. '위도 달빛 걷기 축제'에 가면 활짝 핀 상사화를 보고 단박에 마음을 빼앗길 것이 뻔했다. 변덕스러운 인간의 마음을 들킨 기분이었다. 열흘 핀다는 상사화는 아침 이슬 같은 인생과 닮은꼴이다. 피어나기까지의 역경과 황홀했던 짧은 한때 그리고 금세 시드는 초라함이 똑 닮았다.

좋아하면서도 만나지 못하고
서로 어긋나는 안타까움을
어긋나보지 않은 이들은 모릅니다.

이해인 님의 시 〈상사화〉가 애절하다. 상사병을 앓았던 청춘의 한때를 추억한다. 청춘은 아파도 아름답다.

아녜스 바르다 시네마와 시간여행

영화 〈아녜스가 말하는 바르다〉는 2019년 전주국제영화제에 초청되었다. 90세의 아녜스가 자기 작품을 회고하는 다큐멘터리였다.

대극장에 관객들을 초대하고 주인공은 정중앙에 앉았다. 아녜스는 영화에서 '영감, 창작, 공유' 세 가지 요소를 중요하게 여겼다. 그녀의 초기 대표작은 〈5시부터 7시까지의 클레오〉였다. 남자 배우 '앙트완느 부르세이에'는 아녜스가 낳은 딸 로잘리의 친부였다. 자기를 배신하고 미혼모로 만든 남자를 주인공으로 섭외하였다. 일과 사랑은 별개라고 하지만 우리나라 문화에서는 왠지 낯설었다. 지인의 딸이 프랑스 남자와 서울 삼청각에서 전통 혼례를 올렸다. 노부부 네 명이 한복을 곱게 차려입고 나란히 앉아있었다. 신랑의 부모들이라고 소개했다. 부모가 이혼했지만 각자의 배우자와 함께 참석했다. 체류 동안 한 호텔에서 머물며 결혼식을 의논하였다. 시부모가 네 명이 참석한 결혼식은 처음 보는 광경이라 참 신기했다.

아녜스는 무전여행이 유행한 시절을 간과하지 않았다. 집도 없고 법도 싫어하는 떠돌이 소녀의 얘기를 〈방랑자〉로 영화화하였다. 우리나라도 한때 무전여행이 유행이었다. 오빠가 대학생 때 무전여행을 하고 돌아와서 무용담을 이야기해 주었다. 단칸방에 옹기종기 모여 앉아서 귀를 쫑긋 세우고 눈을 반짝였다. 몰래 철조망을 넘어가서 무임승차를 하고 밥을 구걸하며 전국을 다녀온 오빠의 무용담은 개선장군 같았다. 다음 생애에는 남자로 태어나서 무전여행을 꼭 떠나고 싶었다. 그녀에게 해변은 영감의 장소이자 정신의 풍경이라고 하였다. 어린 시절 바닷가에서 생활했던 아녜스는 해변의 추억을 카메라에 가득 담았다.

나에게 가족의 유일한 추억도 해변이다. 변산해수욕장에 천막을 치고 친척들이 휴가를 보낸 시절이 있었다. 파도가 철썩이며 하얀 거품을 물고 몰려올 때면 무서워서 뒷걸음질을 쳤던 세 살 때의 기억이 또렷하다. 판도라 상자에 남아있는 한줄기 사랑의 빛이다.

아녜스의 남편 자크 드미는 영화 〈쉘부르의 우산〉으로 칸 황금종려상을 받았다. 할리우드 초청으로 부부는 미국으로 날아갔다. 미국 사회에서 신세대 히피들의 우상을 만나고 반전집회를 목격했다. 앤디 워홀과의 만남도 그녀의 영화 인생에 새로운 전환점이 되었다.

2000년이 다가올수록 전 세계적으로 온갖 소문이 난무했다. 12월

31일은 불안과 열광의 도가니에 휩싸였다. 21세기 새해 첫날 아침, 세상은 조용했다. 아녜스는 영화인으로 새로운 변화를 가져왔다. 무거운 카메라 대신 작은 디지털카메라는 휴대하기가 좋고 혁신적인 도구였다. 〈이삭 줍는 사람들과 나〉를 찍었다. 음식을 버리는 자와 주워서 한 끼를 대신하는 자를 눈여겨보았다. 2001년 제3회 서울국제여성영화제에 참석해서 '나 자신도 사람과의 만남과 감정을 줍는 여자'라고 말하였다.

우리나라도 2000년을 앞두고 종말론이 대세였다. 이장림 목사는 확신에 찬 설교로 지구의 종말을 예고했다. 기독교인들에게 엄청난 신앙의 파장을 초래했다. 은근히 불안한 마음이 스칠 때면 '내일 지구의 종말이 온다고 할지라도 나는 오늘 한 그루의 사과나무를 심겠다'는 바뤼흐 스피노자의 말을 마음에 새겼다. 우리나라 1999년 12월 31일은 어느 때보다 고요하고 긴장된 하루로 기억되고 있다.

예전에 영화인들은 35mm의 필름과 같이 살았다. 손으로 일일이 편집하고 붙이고 극장 영사실로 운반했다. 외가에서 어른들 틈에 어린 시절을 보냈다. 외롭고 쓸쓸할 때는 사거리에 있는 극장을 기웃거렸다. 시골은 안면이 있으면 모두 친척이고 호칭은 이모와 삼촌이었다. 극장에서 표를 받는 '기도' 삼촌이 들어오라고 손짓했다. 〈맨발의 청춘〉, 〈동백 아가씨〉 같은 한국 영화를 많이 보았다. 영화를 보다가 필름이 끊어지면 극장 안이 깜깜해졌다. 한 줄기 빛이 화면에 비추면 영화는 다시 계속되었다. 영사기 돌아가는 소리가 귓가에 맴돌 땐 어릴 적 그리움이 사무친다.

자크 드미가 에이즈에 걸렸다. 그 당시 밝힐 수 없는 수치스러운 병명이었다. 아녜스는 영화 〈낭트의 자코〉로 남편의 삶을 추억하고 간직하였다. 혼자가 된 그녀는 행복한 황혼의 부부를 보면 부러웠고 과부들의 영화를 찍을 때는 동병상련의 아픔을 느꼈다. 영화 속에는 남편에 대한 그리움이 곳곳에 배어있다.

아녜스는 80이란 나이의 숫자가 마치 기차가 돌진하여 오는 것처럼 느꼈다. 뭔가 해야 할 것 같고 '빨리해야 해, 빨리' 마음이 조급했다. 그래서 자화상의 영화를 만들고 제목을 〈아녜스의 해변〉이라고 했다. 벨기에 북해 해변에서 자랐고 폭격을 피해 지중해 연안 '세트' 항구 배 위에서 피란살이를 하였다. 영화제가 열린 낭만의 베니스와 태평양이 바라보이는 LA에서 생활했고 쿠바와 멕시코를 여행하며 거의 모든 해변의 풍광을 감상하였다.

영화에 흑백사진 장면으로 어릴 적 집안의 내력을 소개하였다. 그녀는 프랑스인 어머니와 그리스인 아버지 사이에 다섯 남매 중 가운데로 태어났다. 벨기에로 귀화해서 프랑스 아이들처럼 자랐다. 독일인들이 점령한 파리에서 루브르 예술학교에 입학하였다. 18세에 코르시카섬에서 어부의 일을 도와주면서 담대하고 강해졌다. 파리로 돌아와서 사진을 전공하고 로댕 전문반 견습생이 되었다. 1957년 중국으로 건너가서 노새처럼 열심히 일하며 수천 장의 이미지를 담아 왔다. 혼자 하는 사진 작업은 무척 힘이 들었다. 고독한 삶에 기쁨과 좌절 그리고 사랑의 시간도 흘러갔다.

그는 65년 동안 한결같은 열정과 탄탄한 실력, 도전정신으로 프랑스 영화계에서 '누벨바그의 어머니'라는 별칭을 남겼다. 그는 90세에 아낌없이 주는 나무처럼 자신의 업적을 후대에 전했다. '노병은 죽지 않는다. 다만 사라질 뿐이다'라고 말한 맥아더 장군이 생각났다.

가끔 나에게도 황혼의 기차가 신호를 무시하고 달려오는 것처럼 겁이 날 때가 있다. 영화 〈박하사탕〉에서 배우 설경구가 달려오는 기차를 향해 "나 돌아갈래!" 하며 눈을 부릅뜨고 목젖이 보이도록 절규하던 모습이 떠오른다. 하지만 현실은 돌아갈 수 없고 돌아가고 싶은 인생도 아니다. 아녜스 바르다 시네마와 함께한 시간여행은 길을 잃은 삶에 생기를 불어넣어 주었다. 주눅 들지 말고 살아야 할 존재 이유였다. 바닷가 모래바람에 희미하게 사라지는 영화의 엔딩 장면처럼 인생은 자연스럽게 사라지는 것이다.

그녀가 잠들어 있는 파리 몽파르나스 묘지에 장미 한 송이를 헌화하고 싶다.

하사미동

 밤새 함박눈이 내렸다. A는 자기 차가 낡아서 갈 수 없다고 하였다. 하지만 나는 동료에게 한 약속을 지켜야 했다. 그때처럼 하사미동으로 가는 길은 만만치 않았다.

 1995년 한파가 전국을 덮쳤다. 도시 전체가 고요하였다. 빙판길이라 교통도 모두 단절되었다. 겨우 지하철만 운행되었다. 새벽에 B의 전화를 받았다. 회원들의 김밥을 함께 가져가자고 부탁해놓고 사정이 생겼다며 몇 마디를 하더니 서둘러 전화를 끊었다. 나도 이런 날씨에 집을 나서기가 겁이 났다. 하지만 예약해 놓은 김밥을 전달할 방법이 없었다. 상자에 담은 김밥 50개의 무게는 20kg이 넘을 것 같았다. 양손으로 들어보니 끄떡도 하지 않았다. 배에 바짝 붙이고 겨우 들었다. 두어 걸음도 옮겨놓을 수가 없었다. 어찌할 바를 몰라 쩔쩔매었다. 떡도 아닌 김밥이라 취소할 수도 없었다. 자기가 맡은 책임을 떠넘긴 B가 무책임하고 원망스러웠다. 핸드폰도 없던 시절 회장에게 이런 상황을 알릴 수도 없고 달리 방법이 없었다. 기차 시간을 놓치면 낭패를 당하게 되니 더 이상 주저할 수 없었다.

서초동에서 강남역까지 빙판에 혼신의 힘을 다해 한 걸음씩 걸었다. 어떻게 지하철 2호선에서 청량리역으로 갈 수 있었는지 지금도 그 시간은 필름이 끊겨 있다. 어디에서 환승을 했는지 기억이 전혀 나지 않는다. 너무 힘이 들어서 정신을 놓아버린 것 같다. 청량리역에서 만난 회장이 상자를 받아 들더니 깜짝 놀랐다.

"이렇게 무거운 것을 어떻게 가져왔어요?"

"저도 무슨 정신으로 가져왔는지 모르겠어요."

온몸은 땀으로 범벅이 되었다. 회원들 점심인 김밥을 무사히 가져왔다는데 안심이 되었다.

무궁화열차를 타고 태백으로 향하였다. 차창 밖 겨울 풍경이 너무 아름다웠다. 눈꽃 나라에서 금방이라도 꽃사슴이 튀어나올 것만 같았다. 태백역에 내려서 버스로 갈아타고 하사미동으로 향하였다. 거의 다 왔는지 저만치 골짜기에 서양식 건물이 보이기 시작하였다. 예수원 입구 정류장에서 내렸다. 그동안 너무도 오고 싶은 곳이었다. 드디어 도착했다는 안도감과 감동에 눈물이 글썽거렸다. 외나무다리를 건너고 골짜기를 한참 걸어 들어갔다.

토레이 신부님을 알게 된 것은 성경공부 모임에서였다. 여의도 순복음교회에서 매주 수요일 성경공부를 인도하셨다. 앉아서 차근차근 성경 말씀을 풀어주시는 모습은 예수님을 닮았다. 그 후로《신앙계》잡지 매월 '산골짜기에서 온 편지' 코너에서 신부님의 글을 마주하였다. 미국에서 편안하게 잘 살 수 있는 분이 산골 오지에서 고생을 자처하며 생활하였다. 산골짜기에서 살아가는 모습을 체험하니 도시의 세속적인 삶이 정화되는 것 같았다.

  2박 3일 동안 교회 수련회가 열렸다. 공동체 생활 속에서 함께 기도하고 일과를 의논하였다. 장작 패기, 음식 준비와 설거지하기, 청소하기 등 역할을 분담했다. 자기 역할에 알맞는 노동에 참여하고 식당에서 다 함께 검소한 식사를 하였다. 신부님은 '노동은 기도요. 기도는 노동이다'를 강조하였다. 저녁에는 토레이 신부님의 특강이 있었다. 열두 제자가 예수님 앞에 둘러앉아서 말씀을 듣는 것 같았다. 레오나르도 다빈치의 〈최후의 만찬〉의 모습이 떠올랐다.

  하루 일정을 끝내고 강당에서 모두 함께 잠을 잤다. 자다가 새벽녘에 추워서 잠을 깼다.

  "기름이 떨어졌나 봐!"

  다들 수군거리며 옷깃을 여몄다. 토레이 신부님은 겨울에도 연탄을 살 수 없으면 춥게 살았다. 근처의 구멍가게 주인이 외상으로 가져가고 봄이 되어 활동하면 갚으라고 권유해도 거절하였다. 하나님이 주신 대로 살아간다는 생활원칙을 고수했다. 그래서 '가는 날이 장날'이라는 말처럼 기름이 떨어져서 추운 줄로만 알았다.

세상과 떨어진 별세계 같은 곳이었다. 키가 큰 신부님이 난쟁이 나라같이 좁은 방과 화장실에서 어떻게 지내셨는지 울컥하였다. 서울의 복잡하고 소란한 곳과 떨어져 있어서 고요했다. 숲속이라 공기가 신선하였다. 몸과 마음이 차분해지고 맑아지는 것 같았다. '산골짜기에서 온 편지' 제목이 실감이 났다. 기도 시간이 퍽 인상적이었다. 하루 세 차례 삼종三鐘이 있다. 삼종이 시작되면 일을 멈추고 그 자리에서 하나님께 침묵 기도를 드린다. 매일 아침 6시: 조도朝禱, 정오 12시: 대도代禱, 저녁 6시: 만도晩禱 세 번 반드시 지켜야 한다.

대학교수인 K선배는 가난한 우리 민족을 위해서 중보기도를 하고 헌신하는 토레이 신부님 모습에 큰 감동을 받았다. 그래서 매년 생신을 축하해드렸다. 오지마을을 벗어나서 서울시내 고급호텔에 묵게 하고 집에서 정성스럽게 음식을 장만하였다. 우리는 작은 선물을 준비했다. 30여 명이 모여서 진심으로 생신을 축하하였다. 마치 천국의 잔치 같았다.

2002년 토레이 신부님이 갑자기 쓰러지셔서 신촌 세브란스병원에 입원하였다. 여직장인 모임에서 긴급회의가 열렸다. 선교사 병원비로 정해진 금액보다 토레이 신부님에게는 특별회비를 마련해야 한다고 역설하였다. 그러나 예외를 적용할 수 없다고 결론을 내렸다.

회장과 임원 몇 분이 병문안을 갔다. 병원에서 회장이 급히 전화하였다. 개인적으로 위로금을 전할 마음이 있다면 대신 전하겠다고 말하였다. 기쁜 마음으로 송금하였다. 마지막 임종에 함께 하는 영광을 누렸다. 그분은 이방인으로서 올곧은 신앙인의 삶을 몸소 실천하신 기독교의 성인이었다.

신부님이 돌아가셨어도 매년 제인 사모님의 생신을 축하해드렸다. 아드님 벤 토레이 신부님 부부가 함께 참석하였다. 만년 소녀 같은 제인 사모님을 만나는 것은 또 다른 기쁨이었다.

남북통일을 대비해서 삼수령에 대안학교를 세운다는 소식이 들려왔다. 탈북민에게 교육을 해서 통일되면 고향으로 파송한다는 뜻을 품고 있다. 벤 토레이 신부님이 미국 생활을 정리하고 이곳에 정착하였다. 암송아지를 키워서 경비를 마련할 계획이었다. 우리는 북한선교를 위해서 십시일반으로 암송아지 열 마리를 기증하기로 하였다. 나는 명예퇴직을 기념으로 직장동료와 함께 뜻을 함께하였다. 그녀는 예수원에 꼭 한번 방문하고 싶어 하였다.

그때처럼 눈이 많이 내렸다. 궁리 끝에 남편에게 운전을 부탁하였다. 대표로 다섯 명이 방문했다. 마침 제인 사모님이 계셨다(그때의 만남이 마지막이 되었다). 삼수령목장도 탐방하고 벤 토레이 신부님이 앞으로의 계획을 설명해 주었다. 참 뜻깊은 시간이었다.

  토레이 신부님 제인 사모님 모두 하늘나라로 떠나셨다. 내 삶의 시계도 정점을 향해 쉬지 않고 움직이고 있다. 이분들과의 만남은 내 신앙생활의 나침반이었다. 하늘 아래 천사마을 하사미동이 그립다.

곰배령 정상에서

　봄비가 촉촉이 내렸다. 오래전, 인간극장에서 '여기는 곰배령 꽃비가 내립니다'를 방영하였다. 세쌍둥이를 낳은 부부가 통나무집을 짓고 살려고 산골짜기 오지마을에 들어왔다. 그러나 아이들이 학교에 입학할 무렵 산골생활을 견디지 못하고 남편은 도시로 나갔다. 여자 혼자 세 아이를 키우며 악착같이 살아가는 내용이었다. 나도 세 아이를 키우는 워킹맘이었다. '영끌'을 해서 내 집 마련하고 양쪽 부모님 생활비도 마련해야 하는 고달픈 생활이었다. 그 여인을 찾아가서 생활하는 모습을 지켜보면 위로가 될 것 같았다.

　곰배령 표지판이 보였다. 먼저 생태관리센터로 갔다. 신분증을 확인하고 입산허가증을 내주었다. 이곳은 하절기 산불예방기간이 끝난 후 입산이 허락되었고 하루 탐방 인원은 450명이라고 한다. 1993년 유네스코 생물권 보전지역으로 지정된 곳이라 지켜야 할 주의사항이 많았다. 특히 야생화를 채취하면 벌금이 10만 원이라고 강조하였다.

강선마을을 지나 다리를 건너니 곰배령 입구 초소가 있었다. 입산허가증을 보여주고 본격적인 산행이 시작되었다. 계곡을 왼편에 끼고 완만한 경사를 오르니 산책하는 기분이었다. 금방 얼레지 야생화가 눈에 띄기 시작했다.

꽃잎을 살짝 들어 올린 수줍은 보라색 얼레지가 지천으로 깔려 있었다. 산괴불주머니는 유채꽃처럼 노란색으로 군락을 이루고 있었다. 흥부가족처럼 올망졸망 노란색으로 서로 붙어 피어있는 한계령풀은 한계령을 생각하였다. 바람의 신이 사랑한 아네모네가 꽃의 여신 플로라의 질투에 한 송이 꽃으로 피었다. 이 전설의 꽃이 꿩의바람꽃이다. 꽃말이 금지된 사랑, 덧없는 사랑, 사랑의 괴로움이다. 하얀 망사 천에 값진 진주 모양으로 둘러싸인 고고한 자태는 꽃말처럼 외로워 보였다.

들꽃 언덕에서 알았네
값비싼 화초는 사람이 키우고
값없는 들꽃은 하느님이 키우시는 것을
그래서 들꽃 향기는 하늘의 향기인 것을

유안진 시인의 〈들꽃 언덕에서〉 시구가 떠올랐다.
곰배령을 다녀와 무릎이 더 안 좋아졌다는 선배의 말에 잔뜩 겁을 먹었다. 가이드는 올라갈 때까지 간 다음 힘들면 그 길로 도로 내려오면 된다고 안심시켰다. 지치면 하산해서 강선마을에서 일행들을 기다리기로 하였다. 전날 비가 와서 그런지 야생화들이 싱그럽고 생동감이 있었다. 금방이라도 흙속의 감추어진 뿌리를 드러내며 걸어 나올 것만 같았다. 숲속 풍경을 즐기며 천천히 오르니 버스에 함께 타고 온 일행들과 점점 멀어졌다. 다행히 계곡의 흐르는 물소리가 외로움을 달래주는 친구가 되었다.

　산길을 혼자 걸어가는데 갑자기 무서운 생각이 들었다. 모임에서 산행하다가 쥐가 나서 쓰러진 여인을 119에 신고하고 응급처치해 주었다는 말을 들었다. 그 여인이 어쩌면 꽃뱀일 수도 있다고 다음에는 조심하라고 회원들이 귀띔해 주었다. 만약에 평소처럼 쥐가 잘 나는 나도 위험한 상황에 처하면 혹시 꽃뱀으로 오해받는 것은 아닐까? 돌부리에 넘어져 다쳤는데 주변에 아무도 없으면 어떡하지? 뱀과 멧돼지를 조심하라는 표지판까지 두려움이 몰려왔다. 불안한 생각을 떨치려고 고개를 돌리자 주변의 야생화들과 눈을 마주쳤다. 나를 보고 재미있는 듯 웃고 있었다. 작고 연약한 야생화들이 오늘따라 용감하게 보였다. 마지막 1km 지점부터는 크고 뾰족한 돌멩이들이 등산객을 가로막는 듯 버티고 있었다. 경사가 가파른 길을 올려다보니 덜컥 겁이 났다. 이만 내려갈까 두 마음이 힘겨루기를 하였다. 마침내 나무 사이로 능선이 저 멀리 보였다. 드디어 1,164m 정상에 도착하였다. 결국 해냈다는 감동에 가슴이 벅차올랐다. 곰배령 표지석에서 기념 촬영을 하고 사방을 둘러보았다.

  곰이 누워있는 모습이라고 해서 곰배령이다. 나도 하늘을 향해 누워 보았다. 서서히 구름이 흘러간다. 천상의 화원에 누우니 예수님이 테텔레스타이(tetelestai)라고 선포하며 십자가에 달리신 모습이 떠오른다. 힘든 인생을 잘 견뎌 낸 나도 이만하면 '다 이루었다'는 생각이 스친다. 불현듯 백창우님의 〈길이 끝나는 곳에서 길은 다시 시작되고〉 시가 떠오른다.

    길은 끝나는 곳에서
    길은 다시 시작되고
    그 길 위로 희망의 별 오를 테니

  바람이 귓가를 스치며 노래한다. 곰배령 능선을 따라서 천사들의 합창소리가 들려오는 듯하다. 몸과 마음이 새털처럼 가볍다. 평화가 깃들고 행복이 리듬을 타고 내 곁에 머문다. 행복이.

빛나는 한글 이름

 우리나라는 아이가 태어나면 이름을 보통 한문의 뜻을 생각하며 지었다. 하지만 1970년대부터 '한글 이름 짓기'가 크게 호응을 받았다. 매년 예쁜 한글 이름을 선별해서 한글날 시상하기도 했다. TV에 한글 이름 짓기 회장이 나와서 자기 아들 이름은 '박차고나온놈이세미나'라고 하며 줄여서 '박세나'라고 부른다고 하였다. 방송의 영향도 있어서 이름을 여러 글자로 만드는 것이 유행하기도 했다. 나도 딸 둘을 한글로 이름을 지었다. 셋째 딸이 태어나자 멋진 이름을 짓기 위해서 고심하였다. 한글학회의 도움을 받으려고 담당자에게 전화했다.
 "여보세요? 이 하얀언덕이씨 좀 바꾸어주세요."
 갑자기 긴 이름을 말하자니 영 어색하였다. 담당자는 지금은 예쁜 이름짓기 운동은 하지 않는다고 말하며 그동안 뽑힌 이름 명단을 참고용으로 보내주었다.

한글 이름이 유행하면서 기독교인들도 성경에서 나오는 인물을 많이 참고했다. 특히 여자 이름은 한나, 마리아, 에스더… 이런 이름을 선호했다. 나도 왕비로서 나라를 구한 에스더의 이름을 좋아했다. 인구 증가억제정책으로 "둘만 낳아 잘 기르자", "잘 키운 딸 하나 열 아들 안 부럽다" 이런 현수막이 전봇대마다 붙어있었다. 나는 나라의 정책에 반하고 셋째를 낳았으니 나라의 기둥이 되어야 한다고 생각하였다.

'에스더'라는 이름과 뜻이 같은 한글 이름을 지으려고 한글날 뽑힌 이름을 꼼꼼히 살펴나갔다. 최종적으로 '빛나, 빛나리, 빛나라….'를 놓고 고민을 하였다. 결국 '빛나라'라고 지었다. 초등학교 때 딸 친구가 집에 놀러 오면 묻곤 하였다.

"빛나라 엄마, 왜 우리는 빛나라를 빛나라, 빛나라, 축복하며 불러야 해요?"

그것이 무척 궁금했던 모양이다. 친구들이 간단히 '나라'라고 부르기도 한다는데 나는 꼬박꼬박 '빛나라'라고 불렀다. 빛이 반짝반짝 나라는 마음을 담아서….

나는 《생명의 삶》이라는 책으로 아침마다 경건의 시간(QT)을 가졌다. 매월 성경책의 주제를 정하고 말씀 묵상을 한다. 새로 산 책의 겉표지를 넘겼다. 이번 달에는 에스더를 묵상 주제로 했다. 먼저 에스더 이름에 대한 해석이 쓰여 있었다. 나는 너무 놀라서 입이 다물어지지 않았다. 에스더 이름의 원뜻이 히브리어로 '별, 빛나다'라고 쓰여 있었다. 나는 반복해서 읽고 확인하였다. 7년 전, 막내가 태어났을 때 나라를 구한 에스더를 생각하며 한글 이름을 지었는데 뜻이 똑같다니 신기하였다. 마치 하나님이 내 마음을 알고 인도해 주신 것만 같아서 소름이 돋았다. 어릴 때부터 그림을 잘 그리고 재롱을 부려서 집안에 웃음이 가득하였다. 태어날 때 잠깐 서운한 마음이 들었을 뿐이고 딸들이 다정하게 노는 모습을 보면 마냥 흐뭇하였다.

지금은 인구절벽 시대라고 걱정하며 나라에서 출산 장려도 하고 혜택도 많다. 아동수당도 나오고 어린이집 보조금도 나온다. 불과 30여 년 전, 나는 출산비도 의료보험의 혜택을 받지 못하였다. 아이의 병원비도 의료보험이 안 될까 봐 전전긍긍하였다. 강산이 세 번 변했는데 출산정책이 가장 많이 변한 것 같다.

572돌 한글날, 서울 광화문광장 세종대왕 동상 앞에서 경축식이 열렸다. 이낙연 국무총리는 한글을 배우는 세계인이 늘어나고 한글을 가르치는 세종학당이 올해까지 57개 나라 174곳에 이르렀다고 말했다. 또한 세계 젊은이들이 방탄소년단의 한글 노랫말을 받아 적고 따라 부른다며 정부는 문화훈장을 수여한다고 발표하였다.

방탄소년단은 올해 8월 발매한 '러브유어셀프 결 앤서' 앨범 타이틀곡 '아이돌'에 '덩기덕 쿵더러러', '얼쑤', '지화자 좋다' 등 한국의 전통 추임새를 노래 가사에 넣었다고 한다.

'팝송'을 따라 부르며 영어 가사를 익히던 우리 세대였는데 이제는 세계적으로 수많은 젊은이들이 한글을 배우고 있으니 이 어찌 기쁘지 않은가!

세종대왕의 백성을 사랑하는 마음으로 세계적인 한글이 태어났지만 예전에는 귀하게 여기지 않았다. 이민을 간 부모들은 자녀에게 한글보다는 영어교육에 더 치중하였다. 지금은 대한민국 국민과 세계 여러 나라에 사는 교포들 모두 한글을 자랑스럽게 생각하고 있다. 디자이너들도 한글을 이용한 작품을 발표한다. 따라서 이름도 영어 이름과 한문 이름을 특별히 선호하지 않는다. 태어난 아이에 대한 부모의 생각과 필요에 의해서 선택할 뿐이다.

인구가 1억이 넘어야 세계 강국이 될 수 있다고 한다. 남북이 통일되고 출산장려와 함께 한글 이름 짓기도 활성화가 되었으면 좋겠다.

3장 _ 두 여인

두 여인

남산에서

청계천 연가戀歌

록펠러의 회심

세 평 하늘길 체르마트 경계를 넘어서

미우라 아야꼬 문학관

마침내 수필

홍도야 울지 마라

장성 치유의 숲

두 여인

　모처럼 햇볕이 따스한 날이라 겨울 채비를 하였다. 옷장 속의 코트를 꺼내서 베란다에서 시원스럽게 먼지를 탈탈 털어냈다. 옷을 털다가 나사가 풀린 안경이 벗겨지더니 그만 아래로 떨어져 사라졌다.
　경비아저씨와 함께 떨어진 곳을 찾아보았다. 이리저리 둘러보던 아저씨가 우리집에 나랑 비슷한 사람이 함께 사느냐고 뜬금없이 물었다. 가끔 모자 쓴 사모님이 9층에서 내리곤 하는 것을 보았다고 했다. '깔깔깔' 웃음이 나왔다. 경비아저씨의 말이 무슨 뜻인지 고개가 끄떡여졌다.
　지난날 워킹맘으로 살아온 나는 하루 24시간이 부족하여 항상 동동거렸다. 맞벌이하다 보니 아이들과 함께할 시간이 항상 부족했다. 대화 부족인지 아이들과 소통의 부재를 낳았다. 엄마로서 열심히 사는 모습을 보여주면 모든 것이 잘 되리라 생각했다. 그러나 갈등의 원인은 예기치 않은 것이 불씨가 되었다. 나의 삶을 지탱해준 엄마라는 자존감은 예고도 없이 무너졌다. 그 충격은 회오리바람처럼 내 건강을 휩쓸어 버렸다.

  갈등과 배신감으로 밤을 하얗게 지새우는 날이 많았다. 불면증으로 내 삶은 고장난 시계처럼 멈춰 버린 것 같았다. 결국 내 몸의 면역체계는 바닥이 나서 대상포진과 이석증이 찾아왔다. 아침에 겨우 눈을 뜨면 내 앞에서 천장이 빙빙 돌아갔다. 놀이동산의 번개 놀이기구처럼 빠른 속도로 내 몸도 함께 도는 느낌이었다. 나는 어지럼증에 견딜 수가 없어서 얼른 눈을 꼭 감아버렸다.

  나의 모습은 차츰 커다란 눈사람처럼 변하여 갔다. 몸이 무거워지고 움직임이 둔해진다는 것을 인식하였지만 어찌할 수 없었다. 그냥 무방비 상태였다. 이런 와중에 두 딸이 갑자기 두 달 간격으로 혼인 날짜를 잡았다. 경제적으로 정신적으로 걱정이 많았다. 막내딸의 결혼식까지 끝내고 나서 나는 위로받고 싶었다. 그간 고생 많았다는 남편의 말 한마디가 절실히 필요하였다. 그러나 무심한 남편은 딸들의 결혼식이 끝나자마자, 인도로 장기 출장을 떠났다. 혼자 남은 빈 집에서 지독한 마음의 병으로 신음하였다. 어릴 때 외가에서 외롭게 자라 결혼하면 좋은 엄마가 되겠다고 굳게 다짐했다. 인생의 과제를 끝내고 나니 내 몸에서 큰 바윗덩어리가 빠져나간 기분이었다. 마치 뼈대만 앙상하게 지탱하고 있는 모습 같았다. 빈둥지증후군으로 세상 속에 덩그러니 홀로 남아있는 것 같아서 서럽고 외로웠다.

　무기력증과 폭식증으로 체중은 걷잡을 수 없이 늘어났다. 소리없이 찾아오는 죽음의 적신호인 대사증후군이 발생했다. 의사는 복부 비만의 심각성을 이야기해 주었다. 나는 친정 언니의 권유로 짐을 챙겨서 고향으로 내려가 한방병원에 입원하였다. 매일 수십 개의 침을 맞고 물리치료와 왕뜸뜨기, 경락 등 치료에 전념하였다. 입원실에는 암수술 후 회복하고 있는 환자, 넘어져서 실려 온 독거노인 등 저마다의 아픔과 고통으로 가득 찬 모습이었다. 전통적 가부장제도 속에서 숨죽이며 살아오다 노년에 건강을 잃은 모습들이 참 쓸쓸해 보였다.

　나는 차츰 뻣뻣했던 목덜미의 통증이 완화되면서 심각했던 두통이 사라지기 시작하였다. 환우들끼리 남은 인생은 자신의 건강만 생각하고 살자고 서로 위로하였다. 퇴원하고, 집 근처의 청계천에 나가서 조금씩 걷기 시작하였다. 처음에는 5,000보를 걷고, 차츰 10,000보를 걸었다. 이어폰을 끼고 음악을 벗 삼아 걸으니 지루하지 않았다. 서울숲에 가서 걷기도 하고, 한강변으로 가 서울의 석양을 감상하며 걸었다. 비가 오는 날은 우산을 쓰고 나가서 걸었다. 하루 10,000보의 목표량은 꼭 달성하기로 결심하였다. 집에서 중랑천의 살곶이다리까지 걸어가면 정확히 5,000보가 된다. 다시 돌아오려면 종종 힘이 들 때가 있었다. 등산 스틱을 바라보고 번뜩 '노르딕워킹'이 떠올랐다. 인터넷을 찾아보고 기본자세를 익혔다. 자세를 바르게 하고 걸으니 다리에 집중되었던 체중이 분산되고 한결 수월했다. 일정한 속도로 리듬감 있게 걸으니 칼로리 소모가 많고 땀도 많이 났다. 나는 청계천에서 노르딕워킹을 하는 유일한 사람이 되었다.

그동안 배가 만삭의 임산부처럼 불룩해져 커다란 체육복과 고무줄 바지를 입고 생활했다. 조금씩 몸이 가벼워지는 것을 느끼기 시작했다. 이젠 예전의 모습을 찾아볼 수 없을 정도로 날씬한 몸매를 되찾았다. 언젠가 한번 입고 싶었던 스키니 청바지도 용감하게 주문하였다. 나이 든 여자가 화장하는 것은 변장이라는 말처럼 잘 차려입고 집을 나섰다. 변화한 내 모습에 경비아저씨는 또 다른 아주머니가 사는 것으로 착각하였다.

남편에게 조선시대도 아닌데 한집에 두 여자를 데리고 사는 복 많은 남자라고 말했다. 어리둥절한 남편에게 자초지종을 말하니 웃으면서 당신이 몰라보게 달라졌으니 그럴 만도 하다고 하였다. 두 여인이 살고 있는지 무척 궁금했던 아저씨 덕분에 '두 여인의 나'를 돌아보는 시간이었다.

남산에서

　코로나19가 2.5단계로 격상되었다. 하지만 왠지 남산에 꼭 가고 싶었다. 남산타워 순환버스를 탔다. 승객은 버스기사와 나 단둘이었다. 유령의 도시에 온 것 같아서 등골이 오싹해졌다.
　목적지 버스정류장에서 내린다. 한산하고 조용하다. 운무가 내려앉은 도시의 풍경은 동양화 열두 폭 병풍으로 감싸 안은 모습이다. 123층 롯데월드타워가 아련하게 바벨탑의 실루엣처럼 솟아 있다. '바블바블' 소란했던 도시의 군중들이 코로나 바이러스 재앙 앞에서 맥을 못 추고 있다. 남산 아랫동네 후암동이 보인다.

　서울로 교사발령을 받고 외삼촌을 찾아갔다. 벌집 같은 방에서 며칠을 보냈다. 내 잠자리를 펴 주고 식구들은 새우잠을 자야 했다. 학교 앞에 급히 하숙을 정할 때까지 염치없이 신세를 졌다. 달동네 학교에 첫 부임을 하고 철거민들을 S시로 강제 이주시키기 위해 가정방문을 했다. 산비탈에 판잣집이 성냥갑처럼 다닥다닥 붙어있었다. 허름한 천막으로 쳐진 곳이 갑자기 앞으로 움직였다. 깜짝 놀라 뒷걸음질치며 바라보니 네 바퀴가 달려있었다. 주소도 없는 곳에 옹기종기 모여 살고 있었다. 영양실조로 수업 시간에 졸고 있는 아이들의 실상을 보고 가슴이 먹먹했다.

나 역시 서울에 머리 둘 곳이 없어서 힘든 삶이었다. 한양으로 떠난 딸이 금광을 발견한 것으로 착각한 어머니는 금맥을 캐어 보내길 학수고대했다. 세 살 때 외가에 맡겨놓고 무심했던 어머니의 태도가 견딜 수 없었다. 그러나 쓰나미가 지나간 자리를 복구하는 게 급선무였다.

원효대교 너머에 여의도가 보인다. 소형아파트에 시댁 식구들과 부대끼며 살았다. 친정의 멍에가 버거워서 떠나왔는데 세상의 시험지는 정답이 존재하지 않았다. 슬퍼할 겨를도 없이 엄마라는 이름표를 달았다. 어찌하다 강남에 살게 되었고 맹모가 되었다. 집 앞이 사임당길이어서 '김사임당'이 되리라 굳게 다짐했다. 하지만 세 아이를 키우는 워킹맘의 삶은 소 울음을 우는 나날들이었다. 힘들 때마다 '나는 없다, 엄마만 있다!' 두 주먹을 불끈 쥐며 안간힘을 썼다. 가나안농군학교 김용기선생의 "일하기 싫거든 먹지도 마라"는 말씀은 죽음보다 싫은 가난에 대한 인생의 좌우명이 되었다. 내 아이들에게 가난을 대물림하지 않기 위해서 나는 더욱 단단해져야 했다.

 북쪽으로 눈을 돌리니 동망봉이 보인다. 단종이 귀양 가서 죽은 영월 땅을 정순황후가 바라보며 매일 울었다는 곳이다. 이곳에 발령받고 20여 년 살았던 둥지를 옮겨왔다. 한강을 중심으로 서울살이가 반으로 나뉘었다. 아이들의 유년 시절을 위한 강남, 나의 노년을 위한 강북이 되었다. 그 후로 남산은 사시사철 언제나 찾아오는 마음의 안식처가 되었다.

 오늘따라 한강이 황금물결로 반짝인다. 붉게 물든 해가 너무 곱다. 오래간만에 보는 해넘이다. 황홀한 모습에 탄성이 절로 났다. 이런 장관의 모습을 보려고 코로나의 위험을 무릅쓰고 무엇에 홀린 듯 집을 나섰나 보다. 칠흑 같은 새벽, 빗발치는 소나기 속에 고향 집을 떠나온 그날처럼….

 가슴이 벅차오른다. 봉수대 아래 남산이 숙연하다. 이미 오래전부터 나의 내면을 훤히 꿰뚫고 있었다는 듯 산노을이 고향을 불러온다. 청소년 시절 고향 산마루에서 서쪽하늘 붉은노을을 바라보며 행복의 꿈을 꾸었다. 그 꿈이 내게 다가와 손짓한다. 그때처럼 남은 인생에 다시 꿈을 꾸어보라고.

도시에 어둠이 내리고 불빛이 반짝인다. 김광섭의 〈저녁에〉 시 구절이 생각난다. 김환기의 〈전면점화全面點畵〉는 〈어디서 무엇이 되어 다시 만나랴〉는 작품으로 탄생되었다.

내가 그리는 선, 하늘 끝에 더 갔을까. 내가 찍은 점, 저 총총히 빛나는 별만큼이나 했을까….
-김환기의 일기에서 1970.1.27

지독한 외로움과 고독 속에 장무상망長毋相忘 뜻의 관계가 세상의 무수한 영혼들을 안아주는 별이 되었다.

울창한 소나무가 묵묵히 나를 내려다본다. 달빛 아래 하늘을 향해 서 있는 모습이 위풍당당하다. 조선시대 태종은 풍수지리적으로 한양을 감싸 안는 남산이 푸르러야 왕조가 태평하다고 믿었다. 1411년 장정 3,000명을 동원해서 남산과 태평로에 1백만 그루의 소나무를 심었다. 하지만 일제강점기 남산에 통감부와 병영, 신사 등을 설치하면서 마구 훼손되었다. 또 6·25전쟁 후 피란민들이 집을 지을 목재와 땔감으로 사용해서 남산은 거의 민둥산이 되었다. 겨우 명맥을 잇는 몇 그루의 소나무는 그 처참한 광경을 목격한 아픔으로 온몸이 붉어지고 견디다 못해 가지는 휘어졌으리라. 멸종되지 않으려는 몸부림은 나이테 속에 상흔을 남겼다. 애국가의 가사처럼 철갑을 두른 멋진 모습으로 회복되기까지 지난至難한 세월을 견뎌내야 했다. 푸르른 솔의 기개를 본받고 싶다.

  동 트기 전 새벽이 가장 어둡다. 시름에 젖어 흘려보낸 시간의 아쉬움이 밀려온다.

  '미래는 현재다' 이 말을 가슴에 담아두고 살아요. 미래가 현재로 다가오는 것이 아니라 현재가 미래로 달려가는 것이잖아요.

  김후란 시인의 말에 정신이 번쩍 든다. 서둘러 옷깃을 여미고 힘찬 발걸음을 내디딘다. 새벽을 향하여.

청계천 연가戀歌

  2호선을 타고 신답역에서 내렸다. 이곳엔 꼭꼭 숨겨놓은 오솔길이 있다. 한 사람이 겨우 지나갈 정도로 좁은 길을 천천히 걷다 보면 떠나온 고향 생각에 가슴이 뭉클해진다.

  모퉁이를 돌아서는데 휑하니 흙바람이 얼굴을 스쳤다. 오솔길이 사라졌다. 잘못 본 것은 아닐까? 눈을 비비고 다시 바라보았다. 사막의 신기루도 아닌데 생생하게 뇌리에 남아있는 풍경이 눈앞에서 감쪽같이 사라졌다. 수백 그루의 아름드리나무들이 날카로운 톱날에 잘려 나간 자리만 덩그러니 남았다. 그루터기들은 발가벗은 수치스러운 민낯을 드러냈다. 수십 년 동안 풍상을 견뎠는데 생명을 빼앗기는 것은 찰나였다. 무책임한 행정에 참을 수가 없었다. 사진과 함께 구청에 민원을 제기했다. 그동안 잔잔한 행복을 가져다준 나무들의 참상을 간과할 수 없었다. 몇 년 전부터 울타리 나무들의 밑동이 썩어서 차츰 철로 쪽으로 기울어져 사고의 위험성이 신고되었다고 하였다. 잘라낸 자리에 다른 묘목으로 대안을 세웠다는 회신을 받았다.

　종로구 학교에 발령을 받고 퇴근길이 힘들었다. 버스전용차로를 공사 중이어서 시내 곳곳이 병목현상으로 주차장을 방불케 하였다. 마침 아이들 학교도 강북에 있어서 이사를 계획하였다. 어릴 적 빛이 들어오지 않는 어두운 방에서 살았다. 넓은 창문에 햇살이 환하게 비치는 집에서 살고 싶었다. 그런데 현관문을 열고 긴 복도를 지나서 거실에 들어서는 순간 그 꿈이 되살아났다.

　친정어머니의 만류에도 맹목적인 사랑을 선택한 여자처럼 집을 계약하였다. 이사를 결정하기까지 어려운 일들이 많았지만 감내하였다. 그러나 이상과 현실이 다른 결혼생활처럼 낙심되는 일이 많았다. 겪지 않아도 될 일들이 산재해 있었다. 앞장서서 일을 처리하는 과정에서 오해와 협박도 받았다. 어름사니의 외줄 타기 같은 아슬아슬한 시간이 흘러갔다.

　아파트 길 건너 청계천은 죽은 하천이었다. 시커먼 먹물로 냄새도 진동하였다. 청계천의 복개한 하천에서 메탄가스가 분출하고 붕괴위험이 있다는 뉴스가 몇 년째 방송되었다. 청계고가도 위험해서 자동차 출입을 제한하였다. 우여곡절 끝에 이명박 시장의 결단력으로 청계천 복원사업을 완성하였다. 역류 취수방식으로 건천乾川의 비용이 혈세 낭비 논란을 초래하였다. 하지만 복원 이후에 기대 이상의 효과를 가져왔다.

　이탈리아 베네치아 건축 비엔날레 최우수 시행자상, 하버드대 디자인스쿨이 수여하는 상도 받았다. 서울의 위상을 높인 관광지가 되었고 직장인들의 쉼터 역할을 톡톡히 하고 있다. 여름에는 도심의 열섬현상에서 3도 이상 온도를 낮추는 효과도 나타났다. 또한 생태계도 살아나서 어류가 증가하고 철새들이 날아와 서식하였다.

　몸이 아파 건강을 위해서 청계천에 나가 걷기 시작하였다. 10,000보를 목표로 매일 걸었다. 처음엔 앞만 보고 그냥 걸었다. 차츰 건강을 회복하면서 고개를 들어 주변을 인식하게 되었다. 나무들과 눈인사를 하고 새소리의 청량함에 굳었던 몸의 세포가 살아났다.

　여름에는 더위를 식히려고 느지막이 산책하러 나가면 코발트 하늘길이 대문을 활짝 열고 반겼다. 기분이 상쾌해지고 발걸음도 사뿐거렸다. 지난여름 한 달 내내 물폭탄이 쏟아졌다. 청계천이 범람해서 나무들이 온통 오물을 뒤집어쓰고 서 있었다. 냄새가 진동하는 길을 따라 묵묵히 홀로 걸었다. 삶의 생기를 준 나무들을 위로하고 싶었다. 고통을 겪은 자만이 그 고통을 이해할 수 있다. 가을에는 물억새들이 귀여운 아기처럼 반갑다고 연신 고개를 끄덕인다. 곱게 물든 단풍길을 걸으며 로드 스튜어트(Rod Stewart)의 노래 〈세일링 Sailing〉을 읊조렸다. 자연의 경이로움과 삶의 환희가 벅차올랐다.

나는 날아갑니다. 하늘 높이 날아갑니다.
창공을 가르는 새처럼
높은 구름을 스치고 날아오릅니다.
그대와 함께, 자유와 함께.

함박눈이 사뿐히 내리는 날 어스름한 청계천에 나갔다. 대나무숲과 둔치의 가로수에 소복이 눈이 쌓였다. 가로등 불빛은 보랏빛 커튼이 하늘에서 내려온 듯 신비한 설경을 연출하였다. 혼자 보기 아까워서 풍경을 담아 지인에게 사진을 전송하니 좋은 동네에 살고 있다고 부러워하였다. 하늘에서 내려준 깜짝 선물이었다.

봄이 왔다. 코로나로 움츠렸던 세상이 기지개를 켜고 꿈틀거린다. 청계천 하류는 공사가 한창이다. 오솔길이 사라진 이후로 한층 관심이 높아졌다. 그 많은 나무가 잘려 나가는 동안 지켜주지 못한 미안함이 컸다. 회화나무가 잘려 나간 자리엔 매화나무 묘목을 식재하고 울타리를 따라 장미를 가지런히 심었다. 잡목들을 베어낸 자리에는 벚나무와 장미화원이 한자리를 차지하였다. 청계천엔 가마우지가 날갯짓을 연습하고 왜가리와 넓적부리 가족들이 유유자적하며 놀고 있다. 산뽕나무와 쥐똥나무에 풍성한 열매가 열리고 연일 새들의 잔치가 벌어졌다. 재잘거림이 어찌나 귀엽고 사랑스러운지 발걸음을 멈추고 한참을 올려다보았다.

올여름 무더위는 꺾일 줄 모르고 기승을 부리고 있다. 청계천과 중랑천이 만나는 살곶이공원 쉼터에 냉장고가 비치되었다. '무더위와 코로나를 시원한 생수로 이겨내세요.'라는 문구와 함께 생수가 가득 들어있다. 산책을 나온 사람들이 생수 한 병씩을 들고 걷는 발걸음이 경쾌하다. 주민을 위하는 마음이 느껴져서 코끝이 찡하다.

상전벽해桑田碧海가 된 청계천의 변신은 현재진행형이다. 평화로운 꽃동네 새동네에서 청계천 연가戀歌를 부른다.

록펠러의 회심

　뉴욕행 비행기에 올랐다. 꼬박 14시간을 가야 했다. 지루함을 달래려고 좌석 앞에 붙어있는 TV 채널의 전원을 켰다. 다큐멘터리를 검색하다가 '록펠러'가 눈에 띄었다.

　강남 부동산의 투기 열기를 보면서 맨해튼의 록펠러가 연계되어 생각났다. 록펠러에 대해서는 옛날부터 교회에서 많이 들었다. 십일조를 성실하게 해서 하나님의 복을 받았다고 들었다. 나도 그렇게 복을 받는 사람이 되고 싶었다. 그를 좀 더 알고 싶은 궁금증에 채널을 고정했다. 3번을 반복하여 시청하고 돌아오는 비행기에서도 놓친 부분을 꼼꼼히 돌려보며 시청하였다. 그동안의 록펠러에 관한 생각의 패러다임이 바뀌게 되었다.

　록펠러는 뉴욕주州 리치퍼드 출생이었다. 1859년 친구와 함께 상사회사商事會社를 설립하고, 1863년 부업으로 클리블랜드에 정유소精油所

를 설립해서 번창하였다. 1882년 미국 내 정유소의 95%를 지배하는 스탠더드오일 트러스트를 조직하였다. 미국 내뿐만 아니라 해외에도 유전과 정유소를 소유한 거대한 회사로 성장하였다. 록펠러가 부를 축적하는 과정에서 치명적인 오명을 남긴 사건은 1914년의 '러들로 학살' 사건이다. 이 사건은 록펠러가 인수한 광산회사에서 하루 겨우 1달러 69센트의 임금을 받던 광산노동자들이 분노해서 노동쟁의를 벌이자 이를 유혈 진압하면서 어린이를 포함한 노동자를 학살한 사건이다. 여자 2명과 어린이 11명을 포함해 50여 명이 죽었다. 물불을 가리지 않고 록펠러는 33세에 백만장자가 되었다. 43세에 미국에 최대 부자가 되었다. 록펠러가 55세 되던 해부터 루스벨트 대통령과 정유 독점 관계로 몇 년 동안 재판을 한 결과 패소를 하였다. 긴 재판의 후유증인지 '엘러피쉬어'라는 희귀병이 생겼다. 머리와 눈썹이 빠지고 몸이 말라가는 병이다. 그가 55세 되었을 때 의사는 불치병으로 1년 이상 살지 못한다고 선언하였다.

그 후 록펠러는 재계에서 물러나 자선사업에 몰두하였다. 의사들이 1년밖에 살지 못한다고 진단을 했지만 98세 우리나라 나이로 99세까지 살았다. 록펠러는 1890년대 시카고대학 설립을 위해 6,000만 달러 이상을 기부하였다. 오늘날 90여 명의 노벨상을 배출한 미국의 명문대학이 되었다. 또 12개의 종합대학과 12개의 단과대학을 설립했다. 록펠러재단, 일반교육재단, 록펠러 의학연구소 등을 설립하였다. 그리고 4,928개의 교회를 건축하였다. 또 뉴욕 맨해튼에 록펠러센터 등 후손들을 통하여 록펠러의 흔적이 많이 남아있다. 뉴욕의 문화복합단지인 링컨센터와 뉴욕 현대미술관(MOMA)의 건립에도 거액을 기부했다.

  록펠러는 재산을 모으는 20여 년 동안은 가난한 노동자는 안중에도 없었다. 광산에서 데모하고 척박한 환경에서 노동자들이 죽어가는 상황에도 요동하지 않았다. 오랜 재판 끝에 얻은 병마로 죽음을 앞에 두고 비로소 가난한 자에게 관심을 끌게 되었다. 그 후 40여 년은 재산을 내려놓는 시간이었다. 록펠러에게 재산은 어떤 의미였을까?

  지금 대한민국은 강남 부동산 열풍에 몸살을 앓고 있다. 정부에서는 부동산거래 허가제를 도입해야 한다는 대책까지 의논하고 있다. 하지만 사유재산에 대해 민주주의에 반한 의견으로 일축되었다. 얼마 전, 동창 모임에 다녀온 남편이 전해 준 이야기에 깜짝 놀랐다. 직원들과 점심을 먹으러 가던 친구가 레미콘 트럭에 치여서 중환자실에 있다고 하였다. 동창 중에서 부지런하고 근검절약하여서 성공신화를 이룬 친구이다. 마른하늘에 날벼락이었다. 친구는 평생 쌓아

놓은 재산을 인생의 자부심으로 삼았다. 강남 동료 모임에서 K는 손윗동서가 젊은 나이에 암에 걸려 갑자기 하늘나라로 떠났다고 말하였다. 많은 재산을 남기고 허무하게 이생을 하직하는 모습에 그녀는 충격을 받았다. 얼마 전까지 강남 재개발 붐으로 불어나는 재산에 들뜬 모습이었다. 하지만 암 투병에 아무것도 가져가지 못하는 동서의 죽음을 목격하면서 만나자마자 '다 소용없다'며 손사래를 쳤다.

나는 '사랑의 교회'에 출석하면서 故 옥한흠 목사님의 목회 철학에 공감하고 순종하였다. 세속적인 욕망이 솟아오를 때마다 신앙의 부족함을 탓하였다. 모든 것을 초월해 사시는 목사님과 장로님들을 한없이 부러워하였다. 그리고 이분들의 신앙을 흉내라도 내고 싶었다.

이사하기 위해서 서초동 40평대의 아파트를 매매하였다. 계약을 체결한 계약자가 중도금 날짜에 행방불명이 되었다. 사업상의 문제로 갑자기 교도소에 구속되어 있었다. 언뜻 법적으로 계약금을 돌려주지 않아도 된다는 생각이 떠올랐다. 전세를 놓고 이사할 수 있겠다는 욕심이 생겼다. 한편 계약자가 어려움을 당하고 있는데 양심상 마음이 편치 않았다. 신앙인이라면 단순히 법의 잣대로 해결할 일이 아니었다. 순간 하나님이 나를 시험하시는 것만 같다는 생각이 들었다. 어렵사리 다른 계약자를 찾아서 집을 매매하느라 힘이 들었다. 당연히 계약금을 포기하고 있던 계약자는 계약금을 돌려받고 구치소에서 눈물을 흘렸다고 하였다. 부동산중개인은 나를 '천사'라고 칭찬하였다. 록펠러는 병이 든 후 회심하였다. 나는 건강하게 살고 싶다.

헛되고 헛되며 헛되고 헛되니 모든 것이 헛되도다 해 아래에서 수고하는 모든 수고가 사람에게 무엇이 유익한가 한 세대는 가고 한 세대는 오되 땅은 영원히 있도다.

-전도서 1 : 2~4

세 평 하늘길 체르마트 경계를 넘어서

오후 3시 31분 돌아오는 기차를 예약했다. 이 기차를 놓치면 방법이 없다. 분천역에서 승부역을 향해 서둘러 출발하였다. 날씨가 봄날처럼 포근했다. 살랑거리는 바람, 코끝에 스치는 맑은 공기에 발걸음도 경쾌하였다.

한반도 13정맥 중 하나인 낙동정맥은 아름다운 숲과 강으로 이어져 있다. 비동 1교를 건너서 금강송 숲길을 걸었다. 옛날 분천역은 금강송으로 유명한 춘양목을 운송했던 곳이다.

우뚝 선 철교 밑을 지났다. 외부와 단절된 두메산골 마을은 영동선이 개통되면서 열차를 통하여 대구와 서울로 왕래할 수 있었다. 4km를 걸어서 비동 임시정류장에 도착하였다. 이곳부터 양원역까지 2.2km가 일명 체르마트 길이다. 2013년 한국과 스위스는 수교 50주년을 기념하였다. 백두대간 힐링마을 분천역과 알프스의 청정마을 체르마트 기차역 두 곳이 자매결연을 하였다.

우리는 철로 옆길로 들어섰다. 기차가 오면 아주 위험하였다. 앞에 터널을 마주하니 추억의 기적소리가 귓가에 들려오는 듯했다.

학교에 가려면 한옥마을을 지나서 한 시간 남짓 걸어가야 했다. 시간에 쫓기면 발길이 지름길로 향하곤 했다. 오목대와 이목대 사이에 철길이 있었다. 터널을 통과해서 한벽당 아래 전주천 징검다리만 건너면 학교가 바로 코앞이었다. 먼저 터널 속을 살피고 손으로 귀를 동그랗게 오므렸다. 달팽이관으로 미세한 기적소리를 감지하였다. 판단이 서면 크게 심호흡을 한 다음 단숨에 터널 속으로 내달렸다. 5분도 채 걸리지 않는 시간 속에 하나밖에 없는 목숨을 걸었다. 식은땀을 닦으며 '다시는 이 길로 오지 말아야지' 다짐하였다.
철로 내리막길에 들어설 때 "네 이놈!" 야단치듯이 기적소리를 내며 기차가 달려올 때면 '후유' 가슴을 쓸어내리곤 하였다. 어두컴컴한 터널 속을 바라보니 그때 생각에 등골이 오싹했다. 어떻게 저 속을 통과하곤 했을까? 지금은 천금을 준다고 해도 못할 것 같다.

우리는 터널 오른쪽 산길로 오르기 시작하였다. 아이젠을 챙겨왔지만 눈은 쌓여 있지 않았다. 가파른 산길에 오르니 호흡이 가빠졌다. 바닥에 축축한 낙엽이 쌓여 있어서 미끄러웠다. 가장 염려한 구간이었다. 지그재그 내리막길을 한발 한발 내디디며 조심스럽게 내려갔다. 이때 팡파르가 터지듯 낙동강의 힘찬 물소리가 깊은 골짜기 사이로 울려퍼졌다. 스위스의 체르마트 길과 흡사하다는 것이 상상되었다. 갈대 숲길을 지나고 시원한 물소리를 들으며 강가를 걸었다.

강江나루 건너서 밀밭 길을 구름에 달 가듯이 가는 나그네
길은 외줄기 남도南道 삼백리三百里
술 익은 마을마다 타는 저녁놀
구름에 달 가듯이 가는 나그네

한적한 시골길을 걸으니 박목월의 시 〈나그네〉가 입가에서 맴돌았다.

중간 지점 양원역에 도착하였다. 양원역사는 마을 주민이 주변의 돌을 날라서 세운 우리나라 최초의 민자역사이다. 철도가 유일한 수단인 주민들은 승부역까지 십 오리(6km)의 산길을 넘어가야 하였다. 그들의 염원으로 영동선 개통 33년 만에 기차가 정차하게 되었다. 문득 영화 〈투스카니의 태양〉에 나온 세메링 지역 이야기가 생각났다. 오스트리아와 이탈리아 사이 알프스 지역은 급경사이고 가파른 지역이다. 하지만 사람들은 언젠가 기차가 다닐 것으로 믿고 비엔나와 베니스를 잇는 철도를 건설하였다. 그들의 신념은 기적을 낳았

다. 양원역에 열차가 처음 정차하던 날 이곳 주민들의 마음은 어떠하였을까?

마침 V-트레인 협곡 열차가 멈춰 서 있었다. 여기서 포기하고 분천역으로 돌아가는 회원도 있었다. 우리는 5.6km를 더 걸어야 했다. 걷다가 그만 종아리에 쥐가 났다. 염려했던 일이 현실이 되었다. 잠시 앉아서 등산화를 벗고 발을 쉬게 하고 싶었다. 하지만 후발대를 책임지는 총무에게 누를 끼칠 수 없었다. 용관바위에 걸린 해가 서산에 뉘엿뉘엿 넘어가고 있었다. 저 멀리 언덕에 최종 목적지 승부역이 보였다.

승부역은
하늘이 세 평이요
꽃밭도 세 평이나
영동의 심장이요
수송의 동맥이다

역무원이 일과를 마치고 막걸리 한잔 걸치고 역사 마당에 누워 하늘을 보고 외쳤다는 글귀가 이곳을 더 유명하게 하였다.

우리는 3시 31분 무궁화열차에 올라타고 분천역으로 무사히 돌아왔다. 3시간 30분 동안 쉬지도 않고 12km를 걸었는데 기차는 겨우

14분이 걸렸다. 우리네 인생길과 흡사하였다. 앞만 보고 열심히 살아왔는데 어느덧 황혼이 손짓하고 있다. 다음 방문에는 협곡열차를 타고 눈 내리는 차창 밖을 감상하며 산타마을의 분위기를 만끽하고 싶다. 많은 망설임 끝에 떠나온 겨울 트레킹이었다. 회원들은 내가 보이지 않으니 양원역에서 포기하고 돌아간 줄 알았다고 했다. 완주한 여자 회원 중 최고령자였다.

삶은 자신만의 이야기를 남겨주는 것이다. 삶은 이야기를 유산으로 물려주는 것이다. 그 삶의 이야기가 후대의 가슴속에 살아 있는 한 그는 사랑했던 이들 곁에 영원히 살아있는 것이다.

박노해의 에세이 〈단순하게 단단하게 단아하게〉에 나오는 문구처럼 나도 그렇게 살아야겠다.

미우라 아야꼬 문학관

　버스가 좁은 골목길을 들어서는 순간 가슴이 두근거리고 설렜다. 그토록 품었던 꿈이 이루어졌다. 아사히가와 자연휴양림에 '미우라 아야꼬 기념문학관'이라는 팻말이 우뚝 서 있다. 입구에 들어서니 부부의 초상이 환하게 웃고 있다. 미우라 아야꼬는 우리나라에 가장 많이 알려졌던 일본 여류작가이다.

　나는 그의 청춘 시절의 자전적 에세이 《길은 여기에》를 통하여 큰 감동을 받았다. 초등학교 교사로서 교육철학의 부재로 인한 고뇌에 공감하였다. 또 폐결핵을 앓았다는 동병상련의 아픔도 친근감과 삶의 위로가 되었다. 미우라 아야꼬에게는 소꿉친구자 의대생인 마에가와 다다시라는 애인이 있었다. 아야꼬는 그가 폐결핵 수술 후유증으로 죽었다는 소식을 들었지만 깁스베드에 누워서 꼼짝할 수 없었다. 장례식에도 참석하지 못하고 눈물만 흘렸다.

　나에게도 마에가와 다다시 같은 사람이 있었다. 시험 기간이면 어김없이 찾아와서 도움을 주고 격려해 주던 대학 선배가 있었다. 그냥 친절한 선배라고만 생각했고 교사 생활을 시작하면서 잊었다. 그러나 몇 년 후 요절했다는 뜻밖의 소식을 듣고 나를 아껴주던 일들이 떠올랐다. 유난히 얼굴이 노랗던 선배가 황달이었다. 서울로 떠난다는 말에 몹시 낙담하던 그의 모습이 선명하게 그려졌다.

미우라 아야꼬가 슬픔에 젖어 있을 때 환생한 것처럼 미우라 미쓰요라는 청년이 나타났다. 그는 그녀를 위해 헌신하였고 신앙으로 폐결핵과 척추 카리에스의 병마를 이겨내고 마침내 둘은 결혼을 하였다.

그 후, 잡화점을 운영하면서 근처의 가게보다 번성하는 것을 염려한 남편의 권유로 물건의 종류를 제한했다. 그리고 시간적 여유가 생겨서 글을 쓰기 시작하고 아사히신문 1천만 엔 현상공모에 장편소설《빙점》이 당선되었다.

오른쪽 전시실에 들어가니 42세에 발표한《빙점》을 시작으로 책을 펴낸 연대를 도표로 정리해 놓았다. 왕성한 작품 활동을 한눈에 보볼 수 있다. 옆 전시실에는 미우라 아야꼬의 일생을 사진과 함께 기록하여 전시했다. 첫 장면은 여학교 시절의 풋풋한 모습이다. 총명한 눈빛과 통통하고 건강한 모습이 귀여웠다. 초등교사 시절의 모습은 우리나라의 아리따운 여느 아가씨의 모습과 다를 바 없다. 30대는 13년 동안 병마에 시달린 모습이 역력하다. 그는 인생의 허무함으로 죽고만 싶었다. 《길은 여기에》에서 고백하였다.

이상한 일이 일어났다. 세례를 받은 그날부터 나는 너무너무 기뻐서 견딜 수가 없었다. 마음속에 등불이 켜진 것이다.

나도 교육대학을 졸업하고 폐결핵으로 절망하였다. 그때, 서울 정동에 있는 CCC 본부에서 전국적인 집회가 열렸다. 새벽집회를 알리는 찬송가 소리가 스피커에서 흘러나왔다. 포근하고 따뜻하게 감싸주는 느낌이 마치 천국 같았다.
"하나님, 절 데려가 주세요. 저는 희망이 없습니다."
한 달 동안 집회에 참석하여 기도를 드리니 걱정 근심이 사라지고 평안을 누렸던 기억이 있다.
그녀의 늦은 나이에 시작한 결혼생활의 이모저모를 사진으로나마 짐작할 수 있었다. 결혼해서도 병약한 아내를 위해서 모든 것을 배려한 멋진 남자의 모습을 보았다. 우리나라에서도 찾기 힘든 순애보를 더 가부장적인 일본에서 목격할 수 있었다. 마치 마에가와 다다시가 죽음을 목전에 두고 미우라 아야꼬의 앞날을 위해 미우라 미쓰요를 예비해 놓은 것만 같았다.

미우라 아야꼬의 동상과 고개를 맞대고 다정하게 사진을 찍었다. 한국에서 영적인 어머니를 찾아 현해탄을 건너온 어린아이처럼 마냥 기뻤다. 그 옆에는 노년의 삶을 사진으로 설명해 주었다. 쇼케이스 안에는 오래된 축음기와 카메라, 손때 묻은 필기도구, 진주목걸이 등이 가지런히 놓여있다.

내가 절망하지 않고 지금까지 살아올 수 있었던 것은
'그래도 내일이 온다'는 희망이 있었기 때문이다.
그것이 어떤 내일일지 모르지만, 어쨌든 하나님이 내게 주시는 내일인 것이다.
그렇게 생각하면 용기가 솟았다.
　　　　　　　　　　　　　-〈그래도 내일이 온다〉에서

그녀는 말년에 대장암과 파킨슨병으로 힘들어하면서도 '죽음은 하나님께 드리는 최후의 의무'라고 생각하며 한결같은 신앙 생활을 유지하였다.

나는 워킹맘으로 양가 부모를 부양하고 앞만 보며 살아왔다. 인생의 황혼기에 빈둥지증후군으로 삶의 의미를 잃었다. 사진 속에서 그녀는 세 딸을 결혼까지 시키느라 수고했다고 웃으면서 말하는 듯했다. 이제는 더욱 가치 있는 삶을 찾으라고 격려하는 것 같았다. 2층으로 올라가니 케이스 안에 원고가 가지런히 정리되어 있었다. 여기저기 퇴고한 흔적들에서 작가의 깊은 고뇌가 묻어났다. 그리고 아야꼬의 소설을 영화와 드라마로 제작했던 포스터와 사진들을 보며 작가의 영향력을 실감할 수 있었다.

 그를 사랑하는 1만 5천 명의 독자들이 낸 2억 엔의 모금액으로 《빙점》의 무대가 되었던 이곳에 문학관(1998년)을 완성하였다고 한다. 그녀가 숨질 때 방문객은 10만 명이 넘었고 우리나라에서도 문학관을 찾아오는 방문객이 많았다. 그러나 18년이 지난 지금은 발길이 뜸하다고 한다. 사람은 흐르는 세월 속에 다 잊히기 마련이다. 그러나 그 사람의 작품 속에 녹아있는 삶의 의지와 사랑의 메시지는 우리 가슴에 영원히 남아있을 것이다.

마침내 수필

밤새 하얀 눈이 펑펑 내렸다. 역대급 최대의 첫눈이 내렸다고 아우성이다. 지난여름은 110년 만의 폭염이었다. 나 역시 최고의 기록을 세운 한 해였다.

봄

성수기에 맞추어 잔뜩 기대하고 거제도와 내도로 향했다. 이번에는 온통 동백꽃으로 물든 내도의 멋진 모습을 볼 수 있으리라 상상했다. 그런데 갑자기 몰아친 한파에 동백의 꽃봉오리들은 꽁꽁 얼어 있었다. 제대로 피기도 전에 움츠린 모습이 안쓰러웠다. 다음 날 새벽에 찾아간 공곶이 바닷가, 샛노란 수선화꽃밭은 천국의 정원 같았다. 영화 〈종려나무 숲〉의 촬영지가 되기도 한 이곳을 오게 된 것은 행운이었다.

4월의 따뜻한 봄날, 통제되었던 〈정동심곡 바다부채길〉이 개방되었다는 소식을 들었다. 오랜만에 찾아온 강릉은 예전의 소박한 모습이 아니었다. 평창 동계올림픽의 영향으로 강릉 사대부 가옥인 선교장과 오죽헌 등 문화유적지를 잘 정비해 놓았다. 정동진 바닷가에 올 때마다 궁금하게 여겼던 곳, 부채길을 걸었다. 동해에서 불어오는 시원한 바람과 철썩이는 파도는 막혀있던 곳이 뚫린 것을 환호하는 박수 소리로 들렸다. 길에도 소통이 필요하였다.

  남북관계가 좋아진 요즘, 백령도 여행이 적기라는 말에 귀가 솔깃했다. 그동안 북핵 문제로 관광지로는 선뜻 내키지 않았다. 유람선을 타고 돌아본 두무진 해변의 기암괴석은 또 다른 우주공간 속에 착륙한 것 같았다. 대청도의 농여해변에서 십억 년의 퇴적암인 나이테바위를 바라보니 인간이 더욱 왜소해 보였다. 미아동해변, 파란 하늘이 반영反映되는 투명한 바다에서 널따란 풀등 위를 사뿐사뿐 거닐었다. 천혜의 비경을 모르고 해외여행을 선호했던 나 자신이 부끄러웠다.

여름

  광주와 담양의 '담빛맛기행'을 떠났다. 남도의 전통음식을 즐기는 여정이었다. 하지만 5·18 광주 사건의 현장에서 당시 고통당했던 시민들의 슬픔이 클로즈업되었다. 국립 5·18 민주묘지에서 이 땅에 상처가 아물고 평화가 깃들기를 기원하였다.

대구는 꼭 한번 다시 가고 싶은 도시였다. 7월의 더위가 기승을 부릴 무렵 밀양을 찍고 울산까지 다녀왔다. '봄의 교향악이 울려퍼지는 청라언덕 위에 백합 필 적에~' 가곡 〈동무 생각〉에 나오는 청라언덕에 오르고 김광석의 거리를 걸었다. 아침 햇살이 비치는 밀양의 표충사는 고즈넉하고 신비스러웠다. 영남알프스의 얼음골케이블카도 타 보고 땡볕에 울산 대왕암과 태화강 십리대숲도 걸었다.

며칠 후, 태풍의 일기예보가 있었지만 울릉도행 쾌속선에 올랐다. 왠지 외국에 나가는 것보다 더 어렵게 느껴졌던 곳이어서 강행했다. 배가 출발하자마자 〈울릉도 트위스트〉 노랫가락이 저절로 흥얼거려졌다.

"울렁울렁 울렁대는 가슴 안고 연락선을 타고 가는 울릉도라~"

일본이 자기네 땅이라고 우기는 독도에 발을 내딛는 순간 우리는 전율했다. 감격스러운 그 순간은 결코 잊을 수가 없다. 우리가 돌아오는 배 안에서 태풍 '종다리'가 독도 가까이에 접근했다는 소식을 들었다.

가을

추석 즈음에 성묘객으로 꽉 막힌 고속도로를 뚫고 강진에 도착했다. 전라병영성지와 골목길을 돌아보며 하멜과 그 일행들의 삶의 흔적을 엿볼 수 있었다. 바람 앞에 등불처럼 살았을 그들을 생각했다. 고국에서 출판한《하멜 표류기》는 한국을 유럽에 소개한 최초의 책이 되었다. 조선의 후예로서 좀 더 잘 보살펴 주었더라면 하는 아쉬움이 남았다.

가을이 익어가는 시월, 소록도에 갈 기회를 얻었다. 이청준의 소설《당신들의 천국》을 읽고 꼭 찾아가고 싶었던 곳이다. 김요석 선교사가 전해 준 나병환자의 생활상을 직접 목격하고 싶었다. 나병균의 전염력은 매우 낮다고 하는데 잘못된 지식으로 부모와 자녀를 격리시켰다. 곳곳에 인권을 유린당하고 억울하게 죽임을 당한 현장을 보니 목이 메었다.

달콤한 가을 날씨에 부석사의 무량수전과 소수서원을 둘러보고 영주 무섬마을에 갔다. 마을과 뭍이 이어지는 길, 한국의 아름다운 길 100선에 뽑힌 외나무다리. 여자는 시집갈 때 이 다리를 건너가면 죽어야 상여를 타고 건너올 수 있었다는 가슴 아픈 이야기도 전해진다. 강을 둘러싼 마을 전체가 조용하고 평화로웠다. 석양도 아름답지만 새벽에 물안개 피어오르는 강가를 마냥 거닐고 싶다.

겨울

작가가 되고 처음으로 찾아간 곳은 소설《빙점》의 저자 미우라 아야꼬의 고향 홋카이도였다. 평소에 그분의 작가정신을 닮고 싶었다. 독자들이 세운 기념관에서 큰 감동을 받았다.

  오늘은 부암동 일대를 탐방하고 흥선대원군의 별장인 석파정으로 향했다. 이곳은 서울미술관의 소유여서 미술관을 입장해야 유적지에 올라갈 수 있다. 할 수 없이 입장권을 사서 '아드만 애니메이션전'을 감상했다. 어린이의 전유물로 생각했던 고정관념을 무색하게 하는 훌륭한 전시였다. 마감 시간이 임박해져서 석파정은 대충 둘러보고 다음을 기약했다. 생소한 미술관에 호기심이 생겨서 《마침내 미술관》 책을 주문했다. 설립자 안병광 회장의 그림과 인생에 관한 철학이 돋보였다. 문득 일가재단 조찬 모임에서 홍정길 목사님의 말씀이 떠올랐다.

  "훌륭한 생각을 하는 사람이 훌륭한 사람이 아니고 훌륭한 생각을 실천에 옮기는 사람이 훌륭한 사람입니다!"

  '글은 발로 쓴다'라는 말이 있다. 나는 올해 최대의 폭염에도 아랑곳하지 않았다. 한양도성 순성길에서 넘어지고 중국 여행길에서는 병이 나기도 하였다. 이렇게 어렵사리 채집한 글 광맥은 정제(精製)와 담금질을 통하여 '마침내 수필'로 빛을 발하리라.

홍도야 울지 마라

버킷리스트 홍도의 대장정에 올랐다. 우리 일행과 초등학교 동창 모임 20여 명이 합류했다. 버스 안에는 수학여행을 떠나는 학생들처럼 들뜬 분위기였다. 목포 여객터미널에 도착하였다. 근처에서 간단히 점심을 먹고 홍도행 쾌속선에 올랐다. 짐을 챙길 때 혹시나 신분증을 빼놓을까 봐 몇 번이나 확인했다.

뱃멀미가 걱정되어서 멀미약을 먹을까 망설였다. 대학교 졸업여행 때 보름달에 비친 아름다운 다도해를 감상하지 못했던 것이 생각났다. 지레 겁을 먹고 멀미약을 복용하고 배 안에서 잠이 들었기 때문이다. 다행히 배는 순항하였다. 섬과 섬을 잇는 대교를 지나고 천사섬이라는 팻말이 보였다. 전남 신안은 크고 작은 섬을 더해서 1,004개가 넘지만 '천사의 섬'이라는 별칭으로 부른다. 우리는 홍도를 관광하고 흑산도와 최근에 개통된 천사대교 그리고 신안의 슬로시티 증도를 돌아볼 예정이었다.

바닷물에 반짝이는 윤슬이 너울너울 춤을 춘다. 배 안을 기웃거리며 재잘거리는 것 같다. 아기처럼 재롱을 부리며 따라온다. 바둑의 천재 이세돌의 고향 비금도가 나왔다. 이세돌의 아버지는 10년 동안 목포에서 초등학교 교사로 재직하였다. 비금도로 귀향해서 농사를 지으며 자녀들에게 바둑을 가르쳤다. 막내아들 이세돌의 바둑 재능을 특히 눈여겨보았다. 옛말에 '아이를 낳으면 서울로 보내고 말은 제주도로 보내라'라는 말이 있다. 요즘은 서울의 강남 대치동이 학원가를 중심으로 맹모들의 천국이다. 이세돌 아버지는 농사를 지으며 다섯 남매를 훌륭하게 키웠다. 오히려 바둑이 뒤처지는 아들에게는 공부를 권유해서 명문 S대에 합격하였다. 이 가정을 통해서 참교육의 의미를 생각해 보았다. 방학이면 종일 학원가에서 생활하는 아이들에게 인성교육은 뒷전이다. 부모와 대화를 통한 소통이 자녀교육의 기본이다. 강남에서 교사로 재직하면서 학벌 지상주의의 폐단을 느꼈다. 故 이수오선생님의 자녀를 위한 참교육에 존경심을 표하고 싶다.

도초도가 보이니 전직 교장선생님이 깜짝 반가워하였다. 총각 시절에 도초고등학교에 발령을 받았다. 물이 귀해 빗물을 받아서 사용하였다. 주인아저씨가 빨래할 때는 물을 낭비할까 봐 지켜보곤 하였다. 첫 부임지에서 겪었던 일화를 들려주며 한껏 추억에 잠겼다.

해당화 피고 지는 섬마을에 철새 따라 찾아온 총각 선생님
열 아홉 살 섬 색시가 순정을 바쳐 사랑한 그 이름은 총각 선생님 서울
일랑 가지를 마오 가지를 마오~

〈섬마을 선생님〉 노래 가사처럼 총각 선생님이 처녀 가슴을 설레게 했을 것을 상상하니 입가에 미소가 번졌다. 흑산도를 지나서 홍도가 보이기 시작하니 누군가 〈홍도야 울지마라〉 노래를 선창하였다. 여기저기서 따라 불렀다. 어깨춤을 덩실거리면서 장단을 맞추기도 하고 합창으로 하모니를 이루었다. 드디어 홍도에 도착하였다. 아담한 부두에 배가 정박했다. 날씨는 쾌청하였다. 숙소는 남문 팰리스호텔로 정하였다. 저녁 노을이 보이는 전망 좋은 방이었다.

짐을 풀고 서둘러 깃대봉 산행에 나섰다. 초입부터 급경사였다. 깃대봉까지는 2km라고 하였다. 동행한 회원이 넘어져서 주저앉았다. 나도 두 마음이 서로 힘겨루기를 하였다.

'그만 내려가렴? 아니야 언제 여기 오겠니? 조금 더 힘을 내!'

내 발걸음은 벌써 오르막길로 향하였다. 사랑이 맺어진다는 연인의 길에 들어섰다. 청춘은 그 자체만으로 가슴이 설레고 아름답다. 앞서간 일행과 점점 멀어지고 어두운 숲속에서 덜컥 겁이 났다. 돌아오는 길이 더 걱정되었다. 벌써 내려오는 회원들에게 "정상에 사람 많아요?" 묻고 또 물었다. 깃대봉은 해발 365m라고 했는데 산길

이 오르락내리락 만만치 않았다.

"엄마, 나 좀 살려줘요!"

산울림이 되도록 외쳤다. 끙끙거리며 마지막으로 젖 먹던 힘까지 냈다. 하얀 돈나무꽃과 동백나무, 후박나무 숲 터널을 통과하니 정상에 도착하였다. 기분이 상쾌하고 날아갈 듯하였다. 해냈다는 만족감에 아이처럼 기뻐서 깡충깡충 뛰었다.

몇 년 전부터 건강이 급격히 나빠졌다. 병원 신세를 지다가 인생이 끝날 것만 같았다. 그래서 트레킹과 여행 모임에 가입하였다. 건강을 회복하는 길이라면 썩은 동아줄이라도 붙잡고 싶었다. 오르막 산길엔 영 자신이 없었는데 처음으로 곰배령 정상에 올랐다. 그때의 감격은 결코 잊을 수가 없다. 이번에 두 번째의 도전을 감행하였다. 깃대봉에 오르면 365일 건강하고 행복하다고 전해오는 말이 있다. 그렇게 되기를 두 손 모아 빌었다.

사방을 찬찬히 둘러보았다. 저 멀리 흑산도가 보였다. 어느새 사람들은 내려가기 시작하였다. 경사가 급하고 걸음까지 늦어서 또 혼자가 되었다. 동백나무 숲 사이로 점점 어둠이 내려오고 있었다. 저만치 사람이 나타나서 가슴이 철렁 내려앉았다. 여자라서 평소에 혼자 산행할 용기가 없었다. 뉴스에 나쁜 소식이 나오면 더욱 겁이 났다. 우거진 숲을 벗어나니 안심이 되었다. 몽돌해변에 저무는 해를 감상하며 여유로움을 만끽하였다. 2시간 30분에 걸쳐 깃대봉을 완주한 역사적인 날이었다.

횟집에서 저녁식사를 하였다. 특산물 홍어가 나왔다. 큰딸이 결혼할 때 목포가 고향인 사돈댁에서 삭힌 홍어를 준비하였다. 결혼식 피로연에 내놓은 홍어는 단연 인기였다.

"삭힌 홍어 잘 먹었어요."

참석했던 하객들의 이구동성으로 하는 인사말이었다. 섬 여행이라 음식에 크게 기대하지 않았다. 그런데 밑반찬부터 식욕을 돋우었다. 특히 젓갈들이 비린내가 없고 청양고추를 적당히 넣어서 감칠맛이 있었다. 모두 홍도 기념품으로 갈치 젓갈을 몇 통씩 샀다.

바닷가에서 홍도 이름처럼 붉게 물든 노을을 바라보았다. 후배가 식수도 귀할 때 찾아온 홍도의 모습이 무척 인상적이었다며 감회에 젖었다. 나는 이렇게 아름다운 곳을 너무 늦게 찾아왔다. 젊은 날 찾아와서 며칠 묵었더라면 얼마나 좋았을까?

저녁을 먹고 동네에 바람을 쐬러 나갔다. 나이트클럽이라고 쓴 조그마한 간판이 호기심을 자극하였다. 룸메이트 여자 넷이 의기투합해서 들어갔다. 춤을 못 추는 나는 자리에 앉아서 분위기를 즐겼다. 마이크를 잡고 열창하는 아주머니의 노래 솜씨가 보통이 아니었다. 노래에 맞추어서 서로 어울려서 춤을 추었다. 비슷한 연배들로 한동네에서 단체로 여행을 온 것 같았다. 불편한 허리와 휘어진 다리가 힘겨운 노동의 결과물 같았다. 이 순간이라도 모든 시름을 털어내려는 듯 막춤을 추며 즐거워하였다. 여인들의 고단한 삶의 흔적이 엿보여서 마음이 아팠다.

다음 날 아침, 낭만의 대명사 안개가 자욱하였다. 하룻밤에 만리장성을 쌓는다는 말이 있는데 무슨 미련이 남았는지 홍도가 발목을 잡았다. 부둣가로 나가 목포에서 배가 뜨는지 대기하였다. 기다리는 동안 거대한 방파제에 올라가서 하얀 등대를 배경으로 포즈를 취했다. 해녀촌에서 홍합을 안주 삼고 맥주잔을 들어 '청바지'를 외치며 건배하였다. 삼삼오오 모인 우리는 남남으로 만났지만 금방 친해졌다. 여행을 좋아하는 공통점이 대화의 골을 텄다. 청정지역 바위에서 자란다는 거북손도 맛을 보았다. 모양이 단단한 껍질로 되어 있고 성체成體가 되기까지 몇십 년이 걸린다고 하였다. 목포에서 배가 출항하지 못했다는 방송이 나왔다. 며칠 전 헝가리 부다페스트에서 한국인 관광객 33명을 태우고 운항 중이던 유람선이 침몰되었다. 지금도 실종자 수색을 진행하고 있다. 그래서 해양청이 비상사태이고 기준이 더 엄격해졌다고 하였다.

할 수 없이 일정을 변경하였다. 점심을 먹고 홍도 33경을 보기 위해서 유람선을 탔다. 안개가 낀 상태였지만 홍도 한 바퀴를 돌아보는 데는 크게 문제되지 않았다. 촛대바위 앞에서 인증샷을 찍었다. 홍도 제1경으로 뽑히는 남문바위는 참 멋스러웠다. 전국 사진대회가 열렸던 장소이고 TV 화면에서 애국가가 시작될 때 배경으로 나와서 낯이 익었다. 이 석문을 지나간 사람은 1년 내내 더위를 먹지 않고 재앙을 없애며 고깃배는 고기를 많이 잡게 된다는 전설이 있다. 그래서 '행복의 문', '해탈의 문'이라고도 불린다. 독립문을 닮은 독립문 바위 그리고 공작새바위 등을 선장의 해설과 함께 감상하였다. 굴속에서 가야금을 타면 아름다운 소리로 울려퍼지는 신비한 실금리굴 등 섬 전체가 천연기념물 170호로 지정되었고 2012년 문화체육관광부와 한국관광공사가 주관한 한국 관광 100선 중 1위로 선정되었다.

'슬픈여 바위'는 부모를 기다리던 일곱 남매가 바다로 걸어 들어가 그대로 굳어 바위로 변해버린 전설이 있다. 그 남매의 넋이 마치 부모를 부르고 있는 것 같다. 이야기를 듣고 바라보니 어쩐지 더 슬퍼 보였다. 붉은빛을 띤 바위들과 짙푸른 바다의 풍광은 많은 전설이 깃들 만큼 신비스러웠다. 바위틈에 빽빽하게 자라고 있는 소나무들은 분재 전시장을 방불케 하였다. 또 홍도는 풍란의 자생지이다. 한 시간쯤 돌았을 때 조그만 고깃배가 다가왔다. 직접 잡아 온 고기를 선상에서 즉석으로 회를 떠 주었다. 선상 파티가 벌어졌다. 관광객들은 소주를 곁들여서 건배하며 즐거워하였다. 집을 떠나오면 누구나 어린아이로 돌아가는 것 같다. 고단한 삶의 무게를 잠시나마 잊고 싶은 모습이었다. 피할 수 없으면 즐기라고 했던가? 하루 더 머물면서 여유로움을 즐기는 것도 좋았다.

다음 날 짐을 싸놓고 못내 아쉬워서 홍도 해안 둘레길에 올랐다. 이탈리아 카프리섬에서 내려다본 풍광이 그대로 펼쳐졌다. 그곳에서 바라본 남청색 바다에 삼각형의 작은 섬이 내 앞에 나타났다. 어제 떠났더라면 이 비경을 놓쳤을 것이다.

홍도항에 쾌속선이 다가오고 있었다. 너무 반가워서 우리는 손을 흔들며 환호하였다.

"당신과 나 사이에 저 바다가 없었다면 쓰라린 이별만은 없었을 것을~"

가수 남진의 〈가슴 아프게〉 노래 가사처럼 옛 연인을 만난 듯 감격스러웠다.

배가 정박하고 선장의 모습이 보였다. SOS를 받고 구조하러 달려온 대장같이 늠름하였다. 내리는 승객들의 표정에도 긴장한 기색이 역력하였다. 어제 출항을 못 해서 집으로 돌아갔고 우리처럼 오늘도 초조하게 출항 시간을 기다렸다고 한다. 우리는 흑산도 일정을 포기하고 목포항으로 향했다. 불안한 일기예보에 얼른 육지로 건너가야 하였다. 파도가 거세어져서 약간의 멀미를 하였지만 무사히 배를 탔다는 것만으로도 안심이었다.

추석이나 설날 명절이 돌아오면 부둣가에서 배가 뜨지 못해 발을 동동 구르는 장면을 TV에서 종종 보았다. 고향을 떠나 열심히 일해서 번 돈으로 부모님 선물을 잔뜩 사 들고 자랑스럽게 고향을 찾는 모습들이 클로즈업되었다. 그 모습들을 강 건너 불구경하듯이 바라보았다. 그런데 직접 배가 오기만을 초조하게 기다리면서 이들의 마음을 느낄 수 있었다.

"아, 이런 심정이었구나!"

사람은 경험을 해 보아야 동병상련의 마음을 느낄 수 있다. 대한민국 국민으로서 남의 일처럼 무관심했던 마음이 부끄러웠다. 이제는 명절이 돌아오면 좋은 날씨에 무사히 고향 섬에 도착해서 가족과 행복한 시간을 보내길 기원해야겠다.

목포에 도착해서 점심을 먹고 서울로 향했다. 서울로 오는 동안 버스 차창에 굵은 빗줄기가 눈물처럼 흘러내렸다. 추억의 영화 〈홍도야 울지 마라〉가 떠올랐다. 가난한 서민의 애환과 여인의 눈물을 신파극으로 표현해서 심금을 울렸다. 그래서 '홍도'라는 단어가 슬프게 기억되는 것 같다.

뉴스 속보로 강풍 예보가 나오고 서해상에 높은 파도의 거센 모습이 TV 화면 가득 보였다. 불과 두어 시간 전에 건너온 바닷길이었다. 우리가 나온 이후의 시간부터 전면적으로 배 운항이 금지되었다. 아슬아슬하게 빠져나왔다. 천재지변 앞에서 사람은 속수무책이다. 할 수 있는 일이 아무것도 없다. 흑산도와 천사대교 그리고 증도 여행은 다음을 기약하였다. '여행은 출발지로 되돌아온다. 돌아갈 곳이 없다면 방황인지 모른다' 이기주 님의《언어의 온도》에 있는 구절이 생각났다. 돌아갈 곳이 있어서 감사하였다.

장성 치유의 숲

　TV에서 축령산 장성 편백나무숲이 방영되었다. 암환자들이 피톤치드로 건강을 회복하기 위해서 많이 찾는 곳이다. 전체면적 378ha 중 산림의 치유효과가 탁월한 편백나무와 삼나무가 전체수종의 88%로 구성되어 있다. 4년 전에 다녀온 곳인데 편백나무의 향기가 코끝에 닿는 듯 생생하였다. 같은 장소 다른 느낌의 힐링의 숲이었다.

　고창 여행 중 장성과 경계에 있는 축령산 숲길을 걸었을 때는 숲에 대한 정보가 없었다. 하늘을 향해 쭉쭉 뻗은 편백나무와 초록 잎들이 바라만 보아도 눈이 시원하였다. 걸어가는 내내 신선한 공기가 몸으로 느껴졌다. 답답한 가슴이 뻥 뚫리는 것 같았다. 무거운 몸과 마음이 한결 가벼워졌다. 몇 년 동안 겨울이면 기침을 달고 살았다. 혹시 갈비뼈가 부러지지 않을까 두렵기도 하였다. 매년 돌아오는 겨울이 무서웠다. 그때 이곳에서 휴식을 취하였더라면 좀 더 빨리 회복되었을 것 같았다. 자연치유가 이런 것이구나 절실히 깨달았다.

이 숲은 산책길에 암환우 쉼터를 표시해 놓았다. 암환우가 조용히 쉴 수 있도록 배려하였다. 전국에서 암 환자가 가장 많이 찾아오는 숲이라고 하였다. 그곳을 지날 때 심장이 터질 듯하였다. 아이들이 어릴 때 워킹맘으로 육아를 혼자 담당하느라 너무 힘들었다. 사면초가의 삶이었다. 내 삶의 멍에에 짓눌려서 쓰러질 것 같았다. 몸에 존재하고 있는 암세포가 스트레스로 뭉쳐서 암이 발생한다는 말이 떠올라 겁이 났다.

숲길을 부부가 걸어간다. 암 환자인 여자가 앞장을 서고 남편이 천천히 뒤따라간다. 여자가 병들고 뒤늦게 후회하는 남편들을 많이 본다. 요즘 〈오은영 리포트-결혼 지옥〉 방송이 인기 프로그램이다. 여기에 출연한 부부들도 대부분 여자가 피해자다. 부모가 되었으면 부부가 함께 가정을 책임지는 것은 당연한 일이다. 하지만 여자가 육아와 경제 부분까지 감당해야 하는 사례가 많다. 이혼하고 아이를 책임지는 것도 대부분 여자 몫이다. 양육비도 제대로 주지 않는 딱한 사정들을 볼 때는 안타깝다. 성경 말씀에 나오는 아담과 하와를 생각한다. 뱀의 꾐에 넘어간 하와가 남편을 유혹하고 선악과를 따먹은 원죄의 대가를 지불하고 있는 것 같다는 생각이 든다. 하늘나라에 가면 내 생각이 옳았는지 한번 묻고 싶다.

며칠 동안 전국에 많은 비가 내렸다. 하늘에 먹구름이 유랑하고 있을 때 장성 편백나무숲에 도착하였다. 간간이 내리는 가랑비를 맞으며 숲길을 걸었다. 코끝에 숲 내음이 와 닿았다. 초록 잎들이 피톤치드를 내뿜고 있는 것이 보이는 듯 생생하게 느껴졌다. 우리는 합창하듯 일제히 탄성을 질렀다. 서울에서 장거리를 마다하지 않고 찾아온 이방인에 대한 선물 같았다. 삭막한 도시를 탈피한 자가 누리는 축복이었다. 젊어진 심장 박동 소리가 귓가에 들리는 듯하였다. '숲 내음길'은 쭉쭉 뻗은 편백나무로 초록 잎 사이로 물안개가 피어올라 환상적인 풍경이었다. 암갈색의 구불구불 산길은 쿠션감이 있어서 사뿐사뿐 걷기에 안성맞춤이었다. 걷는 내내 기분이 좋아져서 콧노래가 절로 흥얼거려졌다.

  우리 일행은 우물 터에 도착하였다. 이 숲을 조성한 임종국 님이 물이 있는 이곳에 천막을 치고 삼십 명 인부들이 숙식하며 나무를 심었다고 한다. 가뭄이 들 때는 나무에 물을 주기 위하여 물지게를 지어 날랐다고 한다. 6·25 한국전쟁 후 우리나라 산은 헐벗은 민둥산이었다. 땔감으로 나무를 베어냈고 그 자리에 밭농사를 지었다. 장성에 살았던 임종국 님은 장성군 덕진리에 있는 동아일보 창립자 인촌 김성수 소유 야산에 자라고 있는 편백나무와 삼나무를 보게 되었다. 쭉쭉 뻗은 나무들을 보고 숲의 가치를 깨닫게 되었다. 1956년 봄부터 본격적으로 나무를 심기 시작하였다. 1976년까지 20년간

570ha에 무려 280만여 그루의 나무를 심어 울창한 숲으로 가꿨다. 여의도의 2배 가까이 되는 넓은 규모였다. 이분의 조림에 대한 열정은 전국으로 퍼져나갔다. 1960년대 후반부터 정부는 본격적으로 산림녹화사업을 추진하였다. 4월 5일 식목일은 전 국민이 대대적으로 나무 심기를 실천하는 날이었다.

임종국林鍾國의 이름은 '나라(國)를 위한 숲(林)의 씨앗(鍾)이다. 그는 운명처럼 이름대로 살았다. 주변 사람들의 손가락질에도 아랑곳하지 않고 나무 심기에 전념하였지만 1976년 빚에 몰려 숲과 이별하였다. 2002년 산림청은 임종국 숲의 많은 부분을 사들여서 국립휴양림이 되었다. 이제 한해 50만 명 이상이 찾는 대표적인 치유의 숲으로 우뚝 섰다. 조림왕 임종국은 2001년 국립수목원 내 '숲의 명예전당'에 업적을 새겨 헌정하였다. 그리고 그가 가꾸었던 축령산에 수목장으로 잠들어 있다.

같은 장소 다른 풍경이었다. 그러나 피톤치드가 발생하고 상쾌한 기분이 드는 것은 변함없었다. 건강에 적신호가 켜지면 이곳을 가장 먼저 떠올릴 것 같다.

4장 _ 빛이 나는 여자

빛이 나는 여자

꼬돌개

한국의 카프리 소매물도

오페라의 유령을 보았나요?

동검도예술극장 7주년

장 미쉘 바스키아

거문도 해밀턴항구

두분동재 분주령

버킷리스트 지리산

버킷리스트 태백산

빛이 나는 여자

 1988년 올림픽이 끝나고 해외여행이 자율화되었다. 러시아에 가면 〈백조의 호수〉 발레를 감상하고 프랑스 파리에서는 '리도쇼'가 옵션 코스였다. 런던에 가면 365일 '연극전용극장'은 꼭 들러야 하고 뉴욕에서는 브로드웨이 뮤지컬을 감상하는 것이 관광 코스였다.
 불과 몇십 년 사이에 K-POP 한류 열풍으로 우리나라가 문화강국이 되었다. 관광객이 한국에 찾아오고 공연장에 가면 남녀노소를 불문하고 열기에 가득 찬 광경을 보고 놀랍기만 하다.

 뮤지컬 〈맘마미아〉를 감상하고 관객들이 썰물처럼 빠져나간 후 최정원 배우가 팬 서비스를 하고 있었다. 나도 함께 사진을 찍고 사인을 받았다. 160분의 공연을 한 그녀는 피곤한 기색이 없었다. 동네 이웃처럼 친근하였다. 그녀에겐 관객이 가족이라고 생각되는 듯 거리감이 없었다. 젊은이들의 말에 귀를 기울이고 안아주고 위로를 건넸다. 특히 그녀의 눈이 빛났다. 눈으로 말하는 그녀를 가까이에서 보았다. 뮤지컬 외길을 걸어올 수 있도록 남편은 물론 시댁과 친정의 전폭적인 뒷바라지가 있었다.

세계적인 피아니스트 백혜선의 '세바시' 강연을 들었다. 그녀의 에세이 《나는 좌절의 스페셜리스트입니다》도 읽었다. 그녀의 연주를 듣고 싶어서 인터넷 검색을 하였다. 맨 앞 정중앙 한자리가 마치 나를 기다리는 듯 남아있었다. 오랜 기다림 끝에 예술의전당 콘서트홀로 향하였다. 옆자리의 아주머니도 포천에서 왔다고 하였다. 경제적으로 넉넉지 못하여 도서관에서 책을 대여하였지만 실물을 보고 싶어서 먼 거리를 왔다고 하였다. 무대 왼쪽 문이 열리고 그녀가 당당히 걸어 나왔다. 짧은 인사말과 연주곡을 해석해 주었다. 피아노 앞에 앉아서 마음을 가다듬는 듯 두 눈을 감았다. 잠시 침묵이 흐르고 첫 곡을 연주하기 시작하였다. 모차르트 소나타 제15번 F장조는 클래식 음악방송에서 익히 들은 곡이었다. 피아노 소나타 제2번 〈봄〉은 서주리 작곡가가 홍난파의 가곡 〈고향의 봄〉을 통한 네 개의 변주곡이었다. 백혜선의 고향을 그리워하는 마음을 담았다. 무소륵스키 작곡의 〈전람회의 그림〉의 연주가 이어졌다. 러시아 천재 건축가이자 화가였던 동료 빅토르 하르트만의 갑작스러운 죽음이 작곡의 계기가 되었다. 1874

년 여름, 하르트만의 시각적 이미지를 음으로 옮긴 것이다. 화면에 하르트만의 작품이 스토리텔링으로 나타났다. 음표 하나하나에 들어있는 강렬한 에너지와 거대한 상징성을 연주하는 그녀의 얼굴에서 땀방울이 뚝뚝 떨어졌다. 숨죽이고 생생한 연주를 가까이서 감상하는 내내 손에 땀이 차고 가슴 뭉클하였다. 연주회가 끝나고 팬 서비스가 있는데 줄이 어마어마하였다. 음악을 전공하는 영재들이 늘어서 있었다. 그녀는 선망의 대상인 서울대학교 최연소 교수와 안정된 가정을 이루었다. 그러나 이에 만족하지 않고 남매를 데리고 미국으로 날아갔다. 자녀들도 하버드에 입학한 일가의 금의환향은 눈이 부셨다. 그녀는 겸손하고 미소를 잃지 않았다. 사인과 기념사진을 찍는 팬 서비스 모습이 진정한 거장이었다.

〈장수상회〉, 굿바이 시즌이라고 해서 박정자 배우 실물을 보러 갔다. 그녀는 E대를 나와서 기자가 되려고 하였지만 영화감독인 오빠의 영향으로 연극계에 발을 들여놓게 되었다. 시부모가 남매를 키워주고 남편의 이해와 배려로 연극의 외길을 걸어올 수 있었다. 송승환 뷰티플 라이프 인터뷰에서 후배에게 한마디 남겨달라고 부탁했다.
"없어요. 각자 살아남는 거니까요."
특출난 미모도 아니고 허스키한 목소리였지만 단역부터 차근차근 자기의 커리어를 쌓았다. 젊은 날의 모습보다 80세가 넘은 지금이 더욱 멋있다. 사려 깊은 그녀의 태도가 하루아침에 만들어진 것은 아니었다. 연극계에서 살아남았다는 자부심이 그녀를 빛나게 하였다.

몇 년 전 어버이날 조수미 콘서트를 보러 갔다. 그녀의 공연을 한 번은 꼭 보고 싶었다. 롯데콘서트장은 세계적인 공연장에 버금갔다. 객석이 원형으로 되어 있고 가운데에 무대가 있었다. 그녀가 세계적인 성악가가 되기까지 어머니의 희생이 있었다. 아버지가 돌아가신 날도 공연을 계속하였다. 이번에는 치매에 걸린 어머니를 위한 콘서트였다. 보수적인 한국 사회에서 결혼도 자녀도 포기하였지만 성악계에 세계적인 거장으로 이름을 떨치고 있다.

최근에 전영애 교수를 알게 되었다. 독문학자로서 서울대 교수를 퇴임하고 여주에 괴테를 위한 '여백서원'을 지었다. 그녀의 책 속에서 지난한 세월을 느낄 수 있었다. "1980년대 나는 자주 수레바퀴가 내 가슴 위로 굴러가는 통증을 거의 신체적으로 느꼈다."고 표현하였다. 남자로 태어났더라면 탄탄대로를 걸었을 텐데 그녀가 선택한 학문의 길은 가시밭길이었다. 서울대 수석 졸업의 타이틀은 여자로서 오히려 걸림돌이 되었다. 그러나 학문의 길을 포기할 수 없었다. 2011년 동양인 최초로 독일 바이마르에서 '괴테금메달'을 수상하였다. 지금은 여주에 '청년 괴테의 집'까지 설립하고 후학 양성에 마지막 인생을 바치고 있다. 그녀가 힘들 때마다 용기를 북돋워 준 사람은 사랑하는 아들과 딸이었다.

중년이 넘어가니 보수적인 한국 사회에서 꿋꿋하게 자기의 세계를 개척한 여인들이 더욱 눈에 들어왔다. 동병상련의 마음일까? 이들의 발자취가 못내 궁금하였다.

나는 시골에서 명문 여중에 합격하였지만 키워주신 외할머니의 바람은 달랐다. 동네 아이들처럼 공장에서 돈을 벌어서 부모님을 도와주는 것이었다. 교사 생활을 하면서 공부를 계속하고 싶었지만 가정형편이 발목을 잡았다. 꿈을 향해 가고 싶을 때마다 벽이 존재하였다. 워킹맘으로 만학도가 되었다. 학위를 받고 대학에서 학생들을 가르치게 되었다. 숨가쁜 행보도 끝이 보였다. 중년 이후의 삶의 시간은 너무 빨랐다. 좋아하는 책을 실컷 읽고 글을 쓰고 싶었다. 마침내 판도라 상자의 문이 활짝 열리고 마지막 남은 '희망'이 튀어나왔다. 내가 원했던 시간이 미소 짓고 있다. 나도 빛이 나는 여자이고 싶다.

꼬돌개

끙끙 앓는 소리를 내며 잠에서 깨었다. 이틀이 지났는데 여전히 여독이 심하다. 어떻게 장군봉까지 올라갔는지 생각이 희미하다. 너무 힘들 때 포기하지 않는 삶의 근육이 총동원되었던 것 같다.

새벽 3시, 긴 겨울을 지나고 코로나로 답답한 생활을 벗어난다는 설렘에 잠이 오지 않았다. 혹시 하는 마음에 코로나 검사를 받아 음성판정을 받았다. 상비약으로 목감기약도 처방받고 소화제도 챙겼다. 1박 2일 동안 지낼 준비물을 꼼꼼히 점검하고 새벽 6시 집을 나섰다. 잠실역에서 출발하여 거제도 저구항까지 5시간이 걸렸다. 오후 1시에 거제도 저구항에서 점심을 먹고 오후 2시 30분 매물도행 배에 탔다. 40분을 예상하였는데 역코스로 소매물도를 거쳐 가는 바람에 20분이 더 소요되었다. 청명한 날씨에 잔잔한 바다 그리고 반짝이는 윤슬은 지상낙원의 모습이었다. 오후 3시 30분 드디어 대매물도 대항마을 선착장에 도착하였다.

숙소에 짐을 놓고 서둘러 트레킹에 나섰다. 당금마을을 지나고 한산초등학교 매물분교 운동장을 지나서 해품길 게이트를 통과하였다. 등산길에 오르니 동백이 반갑게 맞아주었다. 울창한 동백숲을 지나고 당금마을 전망대에 올랐다. 남해의 아름다운 풍광을 감상하고 다시 서둘렀다. 가이드는 늦게 출발해서 장군봉까지 올라갈 수 없을 것 같다고 하였다. 삼삼오오 일행들이 눈앞에서 점점 멀어졌다. 홍도 전망대를 지나고 그만 마을로 회귀하고 싶었다. 대상포진 재발로 치료했던 어깨의 후유증이 신호를 보냈다. 두 다리도 풀리고 몸의 균형이 흔들렸다. 갈림길이 어디쯤인지 이정표가 없었다. 산길을 더 올라간 후 급경사의 내리막길이 계속되었다. 동네 어귀쯤 되었을 것 같은 예감이 들었을 때 대항마을 갈림길 표지판이 나왔다.

장군봉까지 0.7km이고 대항마을 선착장까지도 0.7km이다. 어디로 갈 것인가? 이대로 포기할 것인가? 내 사전에 포기라는 단어는 거의 없었다. 난관에 이르면 머리부터 디밀고 해결하곤 하였다. 마지막 0.7km를 네발로 기어서라도 올라가겠다고 다짐하였다. 앞에서 내려오는 청년에게 얼마나 더 가면 되느냐고 물었다. 10분 거리라고 하였고 경사는 심하지 않다고 말하였다. 어유도 전망대 풍경이 멋있다는데 감상할 겨를이 없었다. 오직 정상에 도착하는 것이 최종 목표였다. 어떻게 정상에 도착하였는지 정신이 혼미하였다. 어쨌든 장군봉에 도착하였다. 두 시간 만에 정상에 올랐다. 해냈다는 충만함이 마음에 가득 찼다. 가이드가 기다려 주어서 안심이었다. 소매물도와 등대섬을 배경으로 포토존에서 인증샷을 남겼다. 말과 장군의 조형물에서도 포즈를 취하였다. 동영상으로 주변을 대충 담고 급히 하산길에 올랐다. 산에서는 일몰 시간보다 빨리 어두워진다. 내리막길에서 태양이 깜찍하게 구름 사이로 얼굴을 내밀었다. 겨우내 해풍에 말라버린 들판과 나무 사이로 비치는 석양은 아프리카의 풍경을 연상시켰다. 이제까지 힘들었던 것은 잊어버리고 흥에 겨워서 콧노래가 절로 나왔다. 전망대에서 거북 모양의 등대섬을 감상하였다. 일정에 차질이 있어서 허둥대었지만 붉게 물든 일몰의 바다를 볼 수 있는 것은 행운이었다.

꼬돌개 오솔길을 지났다. 꼬돌개의 뜻은 배가 고파서 한꺼번에 꼬꾸라졌다는 지역 방언이다. 두 차례의 흉년과 괴질로 마을 주민이 몰살되었다. 지금은 2차 정착민들이 새로운 삶을 일구고 생명의 땅이 되었다. 이곳에서 바라보는 노을은 매물도 최고의 풍광으로 뽑힌다고 하였다. 마치 굶주림에 죽어간 영혼들이 하늘나라에서 행복을 찾아 안식하는 평화로운 모습을 비추는 것만 같았다.

동백터널이 이어졌다. 전날 비바람이 불어서 동백꽃이 땅에 많이 떨어져 있었다. 떨어진 꽃들은 꼬돌개 옛 주민들의 모습을 반영하는 듯 서글픈 아름다움을 자아냈다. 좀 더 머물고 싶지만 금세 어둠이 내려와 무서웠다. 주변은 깜깜해졌고 저 멀리 선착장 불빛이 반짝거렸다. 무사히 매물도 트레킹을 마쳤다.

식당 '어부의 집'에 도착하니 바다에서 잡아 올린 생선으로 만찬이 차려졌다. 너무 힘이 들어서 밥이 목에 넘어가지 않았다. 그러나 밥을 먹지 않아도 배가 고프지 않았다. 급히 출발하느라 물도 준비하지 않아서 마른 목을 참느라 힘들었다. 일단 콜라 한잔을 시원하게 들이키니 살 것 같았다.

대매물도의 6km의 트레킹은 내 인생길을 반영하는 듯하였다. 너무 힘들어 포기하고 싶을 때가 얼마나 많았던가? 그러나 완주하고 나면 끝까지 해냈다는 나 자신이 자랑스러웠다. 고비마다 힘이 되어 주신 하나님께 감사드렸다. 이만하면 괜찮은 인생이 되었다. 이튿날 소매물도의 트레킹에 기대를 걸었다. 기대한다는 것은 살아있다는 것이다. 생명은 아름답다.

한국의 카프리 소매물도

대매물도에서 하룻밤을 자고 새벽 6시에 일어났다. 뒷산에 올라가서 일출을 감상하고 어부의 집에서 지역 특산물인 미역국으로 아침식사를 하였다. 9시 20분 첫 배를 타고 10분 거리의 소매물도 선착장에 도착하였다. 일정 시간은 넉넉하였다. 네 시간 동안 자유롭게 트레킹을 마치고 토박이식당에서 오후 2시에 점심을 먹는 일정이었다.

　지름길로 가면 경사가 급하다 하여 시간 여유도 있기에 완만한 둘레길을 택하였다. 바다를 감상하고 유유자적하며 걷는 낭만을 제대로 즐기고 싶었다. 처음에는 동백나무와 바다가 어우러진 길을 걷는 발걸음이 경쾌하였다. 그러나 남매바위를 지나고부터는 돌계단이 군데군데 있었다. 몇 군데 폭이 좁고 높은 돌계단의 산행은 생각처럼 만만하지 않았다. 오른발을 높은 돌덩이에 먼저 내딛고 이어서 한껏 몸에 힘을 실어 왼발을 들어 올리는 순간 배낭의 무게에 상체가 쏠려

뒤쪽으로 휘청거렸다. 자칫하면 아래로 나동그라질 참이었다. 옆에 붙잡을 나무도 없어서 앞으로 고개를 바짝 숙이고 가까스로 몸의 균형을 잡았다. 온몸에 소름이 돋았다. 불과 2~3초 사이에 생사의 갈림길을 경험하였다. 건강을 챙기기 위해서 혼자 떠나는 여행에 대한 위험을 실감하였다. 놀란 가슴을 진정시키고 다시 산길을 올랐다. 낮이지만 숲이 우거진 산속을 혼자 오르는 것은 용기가 필요하였다.

1.5km를 걷고 가익도전망대에 이르렀다. 선착장에서 급경사 지름길로 500m를 올라오는 지점이었다. 등대섬까지는 0.8km를 올라가야 했다. 폭이 넓은 계단을 오르니 폐교된 소매물도 분교가 나왔다. 망태봉 전망대로 올라갈 것인지 등대섬으로 곧장 갈 것인지 선택해야 했다. 나는 전날 대매물도 트레킹의 여파로 이미 지쳐 있었다. 목적지는 등대섬이기에 내리막길로 향하였다.

공룡바위 전망대에서 여유를 찾았다. 다도해의 섬들이 눈에 들어오기 시작하였다. 급경사에서 바라보는 풍경이 제주도 산방산을 닮았다. 멋진 풍경을 눈으로 담고 지그재그로 계속 계단을 내려갔다. 등대섬 전망대에서 등대섬의 아름다운 풍광이 눈앞에 펼쳐졌다. 과자 쿠크다스 CF 광고 때 등장하는 장소였다. 광고로 인하여 '쿠크다스 섬'으로 알려졌다. 열목개로 가기 위해서 급경사 데크계단을 내려갔다. 어지럼증이 있어서 계단 가장자리를 꼭 붙잡고 한발 한발 내

디뎠다. 드디어 몽돌해변에 도착하였다. 열목개가 지척에 보였다.

등대섬으로 가기 위해서는 일명 모세의 기적인 열목개를 건너가야 한다. 바다에서 일어나는 두 번의 간조와 만조 시간 중에서 이곳의 물때 시간을 잘 맞추어야 한다. 오늘은 12시 17분부터 4시 28분이 물때 시간이다. 여유 있게 도착해서 물이 갈라지는 장면을 지켜보았다. 성경 말씀이 생각났다.

> 모세가 바다 위로 손을 내밀매 여호와께서 큰 동풍이 밤새도록 바닷물을 물러가게 하시니 물이 갈라져 바다가 마른 땅이 된지라.
>
> — 출애굽기 14 : 21

자연의 신비에 감탄하였다. 한 남자가 기다리다 지쳤는지 건너려다가 되돌아왔다. 물에 젖은 이끼 낀 몽돌은 미끄러워서 조심해야 하였다. 자칫하면 바다에 빠질 수가 있었다. 잠시 앉아서 가만히 귀 기울이니 몽돌에 부딪치는 잔잔한 파도 소리가 음악 소리처럼 들렸다. 파란 하늘 아래 맑고 투명한 바다에 발을 담그니 너무나 평화로웠다.

평화 평화로다.
하늘에서 내려오네.
그 사랑의 물결이 영원토록 내 영혼을 덮으소서~

〈내 영혼의 그윽한 깊은 데서〉 찬송가 곡조가 입안에서 맴돌았다.

12시경 열목개가 거의 열렸다. 사람들이 조심조심 건너가기 시작하였다. 보기에는 70m가 만만하게 보이는데 이끼 낀 몽돌을 한 개씩 딛고 건너가는 것은 결코 쉬운 일이 아니었다. 목적지 등대섬에 올라서 남해의 푸르고 푸른 바다를 한없이 바라보았다.

환갑여행으로 떠난 유럽여행이 생각났다. 이탈리아 카프리섬에서 일인용 리프트를 타고 솔라로산 전망대에 올라가야 하였다. 그런데 이석증과 고소공포증으로 용기가 나지 않았다. 앉자마자 리프트가 360도 회전할 것 같은 장면이 연상되었다. 겁먹어 멈칫대는데 눈치 없는 남편은 활짝 웃으면서 리프트에 먼저 올라앉았다. 아내 환갑 기념으로 떠나온 여행이니 염려하는 기색이라도 연출해야 하는 것 아닌가? 일행들이 전망대에서 내려올 때까지 동네 한 바퀴를 돌고 이탈리아 본젤라또를 맛보며 마음을 달랬다.

어느 날, TV에서 한국기행으로 소매물도를 방영하였다. 카프리섬과 많이 닮았다. 일명 한국의 카프리섬이라고 하였다. 혼자라도 꼭 가고 싶었다. 드디어 카프리섬을 꼭 닮은 소매물도에 왔다. 코로나의 위험을 뚫고 모세의 기적 열목개에서 바다가 열리는 장면을 목격하였다. 만선의 어부처럼 하늘의 평화를 가득 안고 승선하였다.

오페라의 유령을 보았나요?

올여름은 기상이변으로 전국에 폭염이 계속되었다. 폭우도 자주 쏟아졌다. 건강을 위한 산행은 용기가 나지 않았다. 모임에서 뮤지컬 공지가 뜰 때마다 인터파크에서 티켓을 예매해 관람하러 갔다. 회원 가입을 하니 좋은 공연과 조기 예매 소식을 알아서 좋았다.

중학교 때, 음악선생님은 점심시간에 클래식 음악을 들려주었다. 일주일에 두 곡씩 감상하였다. 학교 어디서나 클래식 음악이 흘러나왔다. 그러나 나는 온통 학비 걱정을 하고 있어서 음악이 귀에 들리지 않았다. 학년 말, 강당에 전교생이 모여서 음악 감상시험을 보았다. 눈앞에 시험지가 백지로 보였다. 학교를 다닐 수 없게 될 것 같은 불안한 나날이었다.

결혼을 하고 워킹맘이 되었다. 어느 날 남편이 턴테이블과 JVC 오디오를 가지고 왔다. 한쪽 벽을 다 차지할 정도로 웅장하였다. 방학이 시작되자 클래식 음악을 감상하기 시작하였다. 아이들은 학원에 보내고 집안일을 끝내고 나면 오디오 앞에 앉았다. LP레코드*를 한 장씩 듣기 시작하였다. 커다란 오디오에서 나오는 소리는 공연장에서 연주하는 것처럼 생생하게 들렸다. 헨델과 바흐, 베토벤, 슈베르트, 하이든, 요한 슈트라우스….

 종일 반복해서 들었다. LP레코드판이 상처가 나고 바늘이 닳았다. 어느 날 눌려있던 감성이 살아나는 듯하였다. 오케스트라로 연주되는 악기의 소리까지 섬세하게 들렸다. 경쾌한 왈츠곡에 덩실덩실 춤을 추기도 하고 허공을 향해 마에스트로처럼 지휘하였다. 모차르트 곡을 감상하며 학교에 다니지 못할까 봐 노심초사했던 어린 시절이 생각나 눈물을 짓기도 하였다. 나는 영락없는 모노드라마의 주인공이었다. 어느 날 직장에서 돌아오니 오디오 자리가 텅 비어 있었다. 남편이 중고로 내다 팔았다고 하였다. 갑자기 애인이 사라진 것처럼 한동안 가슴앓이를 하였다.

 1986년 서울 초중고 교사들이 런던대학교 세미나를 빌미로 유럽여행을 떠났다. 출발하기 전 오스트리아를 알기 위해서 영화 아마데우스를 세 번 보았다. 모차르트의 생가 잘츠부르크와 잘츠카머구트에 갔다. 비엔나 예술인의 묘지에서 훌륭한 음악가들의 흔적을 보았다. 그들의 발자취를 알게 되니 클래식 음악이 더 친근하게 다가왔다.

올해 세종문화회관에서 뮤지컬 〈모차르트〉 공연이 있었다. 들뜬 기분으로 예매하고 그날을 기다렸다. 공연을 감상하고 실망감을 감출 수가 없었다. 화려한 무대와 의상들에 비해 배우들의 연기와 노래 실력이 부족하였다. 티켓을 의식하고 팬이 많은 아이돌 배우를 주인공 모차르트로 선정했다는 후문이었다. 배우 임태경이 주인공을 했을 때는 많은 찬사를 받았다. 최정원 배우를 보기 위하여 뮤지컬 〈맘마미아〉를 관람하였다. 주변에서 지인들은 벌써 보았다고 했다. 나는 워킹맘으로 살아내고, 외손녀들까지 돌보느라 좀처럼 짬이 나지 않았다. 이제 늦었지만 여유가 생겼다. 연극 〈장수상회〉에서 박정자 배우 실물을 보았다. 〈라흐 헤스트〉, 〈빨래〉, 〈그 순간, 시간이 멈춘다〉 등 연극을 보기 위해서 대학로를 찾게 되었다.

최근에 뮤지컬 〈레베카〉를 관람하였다. 무대연출도 훌륭하고 극본도 탄탄하였다. 배우들의 카리스마 연기도 뛰어나고 코러스도 오케스트라 음악도 아름다웠다.

'바로 이런 게 뮤지컬이지!'

감탄하며 기립박수로 답례하였다. 10주년 관객들의 호응을 꾸준히 얻은 데는 충분한 이유가 있었다. 모임에서 뮤지컬 이야기가 나오면 〈레베카〉를 추천하였다. 그럴 때마다 그들은 나에게 묻곤 하였다.

"〈오페라의 유령〉을 보았나요?"

뮤지컬의 대명사처럼 알려졌기 때문이었다.

딸이 뉴욕에서 공부하고 있을 때 함께 브로드웨이에 갔다. 〈오페라의 유령〉은 티켓 가격이 만만치 않고 구하기도 힘들었다. 그래서 주말에 할인하는 공연을 골라서 보았다. 브로드웨이에서 공연을 관람하였다는 것이 목적이었다.

드디어 〈오페라의 유령〉을 보러 샤롯데씨어터로 향하였다. 지난번 뮤지컬 〈시카고〉는 영어자막을 읽기도 바빠서 제대로 공연을 감상하지 못하였다. 이번에는 한국어로 볼 수 있어서 다행이었다. 극장 입구에 들어서니 장미 가득한 포토존이 관객들을 마중하였다. 여유 있게 포토존과 오늘의 출연 배우들을 알아보며 두근두근 기대를 하였다. VIP 자리는 너무 비싸서 R석으로 예매하였다.

무대 오른쪽 앞자리인데 배우들 얼굴까지 다 보였다. 막이 오르고 공연을 지켜보는데 초반부터 지루하였다. 1부 마지막에 샹들리에가 떨어지는 장면이 있었다. 1톤의 무게가 쏜살같이 무대를 향해 질주하여 박살이 나는 장면을 상상하였다. 그런데 생각보다 작은 사이즈의 샹들리에가 스르르 내려와서 무대에 사뿐히 앉았다. 스릴있는 장면이 이 뮤지컬의 상징인데 기대에 못 미쳤다.

2부가 시작되고 화려한 의상을 입고 가면무도회가 시작되었다. 합창소리는 불협화음으로 여간 귀에 거슬렸다. 중반이 지나 지하에 숨어서 공포를 조성했던 유령이 나타나서 크리스틴을 향한 사랑의 노래를 불렀다. 팬텀 전동석의 묵직한 중저음 목소리가 구슬프고 훤칠한 키에 잘 어울렸다. 크리스틴 손지수는 맑고 고운 목소리였다. 2009년에 팬텀 양준모와 크리스틴 김소현의 열연이 우리나라 〈오페라의 유령〉에 뜨거운 관심을 가져왔다. 이번에 13년 만에 돌아와 팬텀 조승우 출연은 순식간에 매진이 되었다.

"혼자 오셨어요? 저도 훗날 이렇게 다니고 싶어요."

배우 전동석 팬이라는 아가씨가 나의 노년을 부러워하였다. 배우들의 인사가 끝나고 막이 내렸다. 버킷리스트를 실현하였는데 무언가 개운치 않았다. 비싼 티켓을 어렵게 구해서 과제를 대충 마친 기분이었다. 공연장을 나오는데 비가 추적추적 내리고 있었다.

저녁식사를 하며 불만을 이야기하는 내게 "당신은 평론을 써도 될 것 같아." 하며 남편이 한마디를 하였다. 목석같은 내 귀가 열린 것은 확실하였다. 6·25전쟁 후, 하나님의 복음을 전하는 목사에게 "우린 한 그릇의 밥이 더 중요해요."라고 말했다는 일화가 있다. 나도 클래식 음악보다 학비가 절실했던 때가 있었다. '마누라 없인 살아도 장화없인 못산다'는 강원도 묵호 '논골담길'처럼 나도 음악이 없

오페라의 유령을 보았나요? 167

이는 메마른 인생이 될 것 같다. 오늘은 김용준 음악선생님이 보고 싶다.

*LP레코드: 장시간용이라는 뜻으로 'Long Play'의 약자이다. LP 레코드는 약 30cm 정도의 크기인데 제작방식에 따라 10인치용과 7인치용이 있다.

동검도예술극장 7주년

　동검도예술극장 7주년을 맞이해서 영화 〈레오나르도 다 빈치 생애〉를 상영한다고 하였다. 오후 3시부터 8시까지 다섯 시간 상영하며 중간에 저녁식사를 제공한다. 동검도는 모임에서 몇 년 전 다녀왔다. 만조 때의 노을빛에 물든 바닷가와 갈대밭이 너무도 아름다웠다. 그 모습이 눈에 아른거렸다.

　DRFA 7주년을 7년 전부터 준비했다면 여러분들은 믿으시겠어요? 이 강화도 황량한 바닷가에 극장을 짓고 내가 만일 7년을 버티고 7주년을 맞이한다면 그때는 꼭 상영하고 싶었던 작품이었지요.

　조나단 유 감독님의 글이 더욱 호기심을 자극하였다. 예매하고 레오나르도 다 빈치에 대해 인터넷으로 찾아보았다. '빈치(Vinci)'는 마을을 딴 성씨라는 것을 알고 모르는 게 많다는 것을 깨달았다.

주마간산으로 보고 왔던 동검도를 좀 더 보고 싶어서 아침 일찍 길을 나섰다. 포구에는 낚시하러 온 사람들이 눈에 띄었다. '동검바다낚시' 팻말이 보였다. 마을로 깊게 들어온 바닷물은 넓은 저수지를 닮았다. 빨간색 컨테이너와 자가용이 일렬종대로 빼곡하게 늘어서 있다. 코로나19를 피해 온 모습이 아이러니하였다. 동검도가 일출과 일몰과 바다낚시로 유명하다는 것이 실감이 났다. '동검도東檢島' 지명은 이곳을 지나는 배와 사람들을 검문하고 조사하던 곳으로 삼남三南에서 한양으로 오르던 고깃배와 세곡선稅穀船의 주요 통로였다고 한다.

동검도예술극장(Digital Remastering Film Archive)은 전 세계의 고전, 예술, 작가주의 영화를 찾아서 복원하자는 취지로 1999년에 동호회 형식으로 발족되었다. 몇몇 회원들의 후원으로 2013년 35석의 미니 영화관을 마련하였다. 특히 유 감독은 2005년 유럽에서 본 영화 한 편이 극장을 짓겠다는 동기가 되었다. 스웨덴의 케이 폴락 감독이 만든 〈천국에 있는 것처럼, AS it is in Heaven, 2004〉을 한국의 모든 관객에게 보여주고 싶었다.

몇 년 전, 새벽에 찾아간 거제도 공곶이, 아침이슬을 머금은 샛노란 수선화꽃밭은 하늘에서 내려온 아기천사들의 모습을 연상하였다. 바닷가에 성을 지키는 병사처럼 종려나무가 당당히 위용을 떨치고 우뚝 서 있었다. 몽돌해변과 함께 천국의 모습을 연상시키는 영화촬영지였다. 동검도예술극장을 세운 감독의 작품 〈종려나무 숲〉의 배경이었다는 사실을 알게 되니 왠지 친근감이 더 들었다.

영화가 시작하기 전, 전자피아노 앞에 앉아 유 감독이 연주를 시작했다. 〈기차는 8시에 떠나네〉였다. 작고 외진 섬에 찾아와 준 관객들에 대한 답례였다.

드디어 7주년 기념작 〈레오나르도 다 빈치 생애〉 영화가 시작되었다. 그는 이탈리아 토스카나 지방의 산골 마을 빈치에서 공증인 피에로 다빈치와 가난한 농부의 딸인 카타리나 사이에서 사생아로 태어났다. 14살 때 피렌체로 이주해 안드레아 델 베로키오 공방에 들어갔다. 그 후로 명성을 얻고 르네상스 시대의 화가, 조각가, 발명가, 과학자 등 다방면에서 활동하였다. 어릴 적 자연과 벗 삼아 지냈던 레오나르도, 보통 10세까지의 정서적 발달이 전 생애에 영향을 끼친다는 말처럼 〈모나리자〉의 배경이 어릴 적 고향이라고도 말하였다. 그는 인체 해부도를 그리기 위해서 시체를 몇십 구나 해부하였고 주술가라는 누명을 쓰기도 했다.

보수적인 기독교 분위기에서 금기시된 동성애 사건이 터졌다. 사형도 당할 수 있는 절체절명의 위급한 상황에 왕족의 이름이 거론되어 무죄판결을 받았다. 주변의 시기와 질투가 원인인지 불분명하지만 워낙 뛰어난 천재를 주변에서 곱게 봐 줄 리는 만무하였다. 밀라노, 피렌체, 베니스 등 여러 나라를 전전하면서 많은 작품을 남겼다.

우리는 이따금 자연이 하늘의 기운을 퍼붓듯 한 사람에게 엄청난 재능이 내리는 것을 본다. 이처럼 감당 못할 초자연적인 은총이 한 사람에게 집중되어서 아름다움과 사랑스러움과 예술적 재능을 고루 갖추게 되는 일이 없지 않다. 그런 사람은 하는 일조차 신성해서 뭇사람들이 감히 고개를 들 수 없으니 오직 홀로 밝게 빛난다. 또 그가 내는 것들은 신이 손을 내밀어 지은 것과 같아서 도저히 인간의 손으로 만들었다고 보기 어렵다. 레오나르도 다 빈치가 바로 그런 사람이다.

르네상스 시대에 활동했던 예술가들의 전기를 쓴 '조르조 바사리(Giorgio Vasari)'의 극찬의 말이다.

동검도예술극장에서 7주년 기념작 〈레오나르도 다 빈치의 생애〉를 통해서 퍼즐 조각처럼 알고 있던 일생이 제자리를 찾아 완성된 느낌이다. 1989년 이탈리아문화원에서 잠깐 상영했지만 이번에는 번역을 통해 감상할 수 있는 절호의 기회였다.

외로웠던 유년 시절, 호기심 많은 소년, 14세 때부터 공방에서 그림을 그리기 시작하고 재능을 인정받게 된 배경, 작품 〈최후의 만찬〉의 성서의 깊은 해석, 종교적으로 시체에 손을 대는 것을 금기시하던 시대에 시체안치소에서 인체 해부도를 그리는 열정 등 그의 끊임없는 창작의 세계를 이해하게 되었다. 말년에 재능을 알아준 프랑수아 1세의 요청으로 프랑스에서 생활하였다. 정착한 지 6년 만에 뇌졸중으로 쓰러졌고 제자 프란체스코 멜치가 성실한 동반자로 곁을 지켜주었다. '인생은 짧고 예술은 길다!'라는 말이 실감이 났다. 500년이 넘은 시간 속에 다양한 분야에서 그의 이름이 거론되고 있다.

영화 상영으로 놓쳐버린 바닷가의 붉은 노을빛, 5천만 평의 갯벌에서 춤사위를 펼치는 갈대밭이 손짓한다. 마음은 벌써 동검도 바닷가를 거닐고 있다.

장 미쉘 바스키아

　장 미쉘 바스키아 전시회가 3일 남았다는 소식을 들었다. 골프웨어에 왕관 쓴 공룡 문양이 바스키아 작품이었다. 몇 년 전 뉴욕 소더비 미술품 경매에서 앤디 워홀의 경매 가격을 훌쩍 뛰어넘었다. 2천억짜리 그림도 있고 앞으로 10년 동안은 보기 힘든 전시회라고 해서 서둘러 잠실 뮤지엄으로 갔다.
　도슨트 없이 오디오가이드로 작품 설명을 들었다. 어린아이가 그린 것 같은 그림들이 미숙하고 난해하였다. 대충 보면서 지나치는데 영상실이 있었다. 다큐멘터리 형식의 영화를 보는데 꽤 시간이 걸렸다. 상영시간이 1시간 30분이었다. 바스키아를 좀 더 이해하게 되었다.
　다음 날 전시회를 다녀온 남편이 그동안 몰랐던 바스키아에 대해 알았다고 매우 흡족해하였다. 그런데 나는 머릿속이 혼란스러웠다. 전시회를 다녀와 이렇게 마음이 복잡한 적이 없었다. 그림 속에서 옛 제자의 모습이 떠올랐다. 친구들과 어울리지 않고 도화지 화면 전체를 새까맣게 칠한 다음 공룡과 여러 종류의 동물들을 그려놓고 새빨갛게 칠하였다. 1년 동안 지켜보고 학부모에게 소아정신과를 소개했다가 뭇매를 맞은 적이 있었다.

"가만히 있지, 왜 사서 고생을 하느냐?"

동료들이 나무랐다. 나는 생각이 달랐다. 조기 발견이 중요하고 부모보다 단체생활을 하는 학교에서 알 수 있다. 교사들이 알려주어야 한다는 전문가들의 의견을 차마 간과할 수 없었다. 교사이기 전에 세 아이의 엄마로서 아이의 일생을 방임해서는 안 된다는 평소의 소신이 있었다. 아무리 보아도 그때 제자의 그림과 분위기가 너무 닮았다. 영화 〈기생충〉에서 다송이의 자화상도 생각났다. 장 미셀 바스키아 그림은 8세 때의 내면 아이로 굳어진 느낌을 떨쳐버릴 수가 없었다. 지크문트 프로이트도 '한때 우리 자신이었던 어린아이는 일생 우리 내면에서 살고 있다'고 말하였다. 유튜브를 찾아서 여러 사람의 의견을 들어보았다. 호불호가 완전히 나뉘었다.

장 미셀 바스키아는 미국에서 태어났다. 불어를 하는 아이티계 아버지와 스페인어를 하는 푸에르토리코 출신 어머니 덕분에 3개 언어를 구사하였다. 회계사인 아버지는 중산층이었다. 어릴 적부터 어머니가 맨해튼의 미술관에 데리고 다녔고 피카소 그림을 좋아하였다.

브루클린 미술관의 어린이회원이었다. 여덟 살 때 교통사고를 당해 입원할 동안 어머니가 가져다준 《그레이 해부학》은 그림에 많은 영향을 끼쳤다. 부모님이 이혼한 후 아버지와 함께 살았다. 그가 13살이 되었을 때부터 어머니는 정신병원을 전전하였다. 15살 때 가출하였고 고등학교를 중퇴했다는 이유로 아버지는 집에서 내쫓았다. 그 뒤로 노숙하며 티셔츠와 손수 만든 엽서로 자급자족하였다.

우울한 십 대를 보내며 바스키아는 1980년대 브레이크 댄스, 펑크족의 출현, 레게, 힙합 등의 흑인문화의 영향으로 그래피티를 그렸다. 낙서 그룹 SAMO(Same Old Shit: 흔해 빠진 낡은 것)를 조직하고 정치와 자본주의에 대한 저항하며 스프레이 낙서를 시작하였다. 그는 유명해지고 싶은 야망이 있었다. 미술평론가 르네가 후견인을 자청하고 화랑업자 브루노와 전속계약을 맺었다. 그 시기에 재회한 앤디 워홀이 그의 재능을 알아보았다. 자신의 작업실 '팩토리'에 드나들게 하고 자신의 재력과 타고난 마케팅 실력을 바탕으로 화가 바스키아의 몸값을 끌어올렸다. 음악을 듣고 마약을 하며 잠재적 상태에서 그리는 그림들은 아프리카의 원시적 예술과 이집트의 벽화에 비유되기도 하며 9년간 전성기를 가졌다.

왕관과 저작권기호(©), 공룡 등은 불의에 저항하는 영웅의 모습이자 자신을 대변한다. 성공이 인생의 목적인 바스키아는 '검은 피카소'

로 불리며 감당할 수 없는 유명세로 힘든 시간을 보냈다. 백인들의 수군거림과 조소가 견딜 수 없었고 그의 일거수일투족은 가십거리가 되었다. 주변에는 믿고 기댈 수 있는 사람이 없었다. 쏟아지는 돈으로 여자와 사귀고 마약을 하면서 점점 수렁에 빠져들었다. 설상가상으로 가장 믿고 따랐던 앤디 워홀이 갑자기 세상을 떠났다. 슬픔에 잠겨 약물 과다 복용으로 일 년 후 만 27세의 나이로 요절하였다.

동시대의 오바마가 비교되었다. 그는 케냐 출신 아버지와 어릴 적 평생 단 한 번밖에 만나지 않았다. 어머니의 재혼으로 인도네시아 자카르타에서 학교에 다니다 10살 때 하와이 외조부모집으로 보내졌다. 그는 부모의 이혼과 자신의 인종 정체성으로 혼란을 겪고 한 때 마약을 하며 히피문화에 심취하였다. 또 파키스탄 불법체류자와 어울리며 방탕한 생활을 하기도 하였다. 그는 '나는 누구인가?'라는 질문을 머릿속에서 몰아내고 싶었다. 그러나 그는 열심히 공부해서 컬럼비아대학교에 편입하였다. 대통령 후보 공개토론에서 그는 자기 행동이 '최대의 도덕적 과오'라고 잘못을 인정하였다. 미국 역사상 최초의 흑인 대통령으로 8년간 재임을 하였다. 퇴임한 후에도 존경받는 전임 대통령으로 여전히 건재하다.

바스키아(1960년생)와 오바마(1961년생) 두 청년의 극과 극의 삶이 오버랩되었다. 세상의 거침돌에 넘어진 자와 거침돌을 디딤돌로 삼아 우뚝 선 자가 미국의 미술계와 정치사의 한 획을 그었다.

　바스키아 전시회가 코로나19에도 불구하고 오픈한 지 한 달 만에 6만 명 관객을 돌파하였다. 아마도 10만 명 이상이 관람했을 것이다. 바스키아의 전시회를 보면서 한 번뿐인 인생을 돌아본다. 내 삶의 남은 시간을 계수하고 마음을 추스른다. 아침이슬 같은 인생인 것을.

거문도 해밀턴항구

"우리나라에 해밀턴항구가 있다고?"

거문도에 영국군이 명명한 해밀턴항구가 있다는 사실을 처음 알았다. 거문도에 대한 호기심이 생겼다. 그곳으로 떠나기 전날 너무 설레어서 잠이 오지 않았다.

서울을 출발하여 목적지까지 한 시간쯤 남았을 때 거문도행 배가 갑자기 결항되었다는 것을 알게 되었다. 당황한 가이드는 여기저기 통화를 하고 백방으로 알아보았다. 고흥 녹동신항 바닷가에서 점심 식사를 하고 20명이 탈 수 있는 작은 고깃배를 급히 예약하였다.

"살아서 돌아오기!"

우리는 구호를 외치며 배에 올랐다. 멀미약을 먹고 망망대해의 풍랑에 만반의 대비를 하였다. 다행히 바다는 잔잔하였다. 2시간 후 거문도 서도리 선착장에 무사히 도착하였다.

첫 일정인 녹산등대를 향해 출발한다. 파란 하늘과 짙푸른 바다가

가라앉은 기분을 풀어준다. 올라가는 길은 잘 정리된 데크계단이다. 거문대교 아래 고깃배들이 물살을 헤치고 나아간다. 동백꽃은 벌써 다 졌지만 노란색 산괴불주머니가 방긋 웃어준다. 산책하듯 올라가니 흔지끼여 인어동상이 보인다. 하얀 살결에 길고 검은 생머리를 한 처녀 모습이고 허리 아래로는 물고기의 지느러미가 있다. 한 손에는 돌멩이를 들고 있다. 달 밝은 밤이나 새벽에 나타나 바위에 돌을 던져 어부들을 놀라게 해서 바다로 나가지 못하게 한단다. 풍랑을 미리 알려주는 거문도의 수호신이다. 구불구불 능선을 따라 올라가니 사슴의 뿔을 닮았다는 녹산등대가 보인다. 거문도 최북단 녹산등대에서 보는 풍경이 눈이 시리도록 아름답다. 숨고르기를 하고 이끼미해수욕장 방향으로 내려간다. 유채꽃과 산기슭에 해풍을 맞고 자라는 쑥밭이 정겹다. 석양을 바라보며 하루의 긴박했던 시간을 내려놓는다.

  다음 날 새벽 5시, 짐을 챙겨서 밖으로 나갔다. 서도와 동도 그리고 고도 세 개의 섬으로 된 거문도는 고도가 가장 번화가다. 세 개의 섬이 병풍처럼 감싸 안은 내해內海의 모습은 천혜의 항구다. 동트기 전의 짙은 어둠 속 어촌의 풍경이 적막하다. 일본식 건물이 눈에 띈다. 1905년부터 일본인 어부가 집단으로 이주해 왔다. 바닷가에는 조선인보다 일본인이 더 많이 살았다고 한다. 유리미해수욕장에서 고요한 바다 위로 떠오르는 태양을 바라보았다.

아침을 먹고 거문도등대로 출발하였다. 목넘어를 통과하여 365계단을 올라가니 동백숲이 시작되었다. 끝없이 이어지는 동백터널이 신비스러웠다. 동백꽃이 나무에 피고 땅에 떨어져 있다면 더욱 환상적이었을 것 같다. 동백 숲길을 벗어나자 등대가 보였다. 1905년 남해안 최초 등대가 이곳에 세워졌다. 100년이 넘게 바닷길을 밝혀주고 수명을 다하였고 2006년도에 새로운 등대를 세웠다. 절벽 위에 관백정이 있다. 백도를 볼 수 있는 정자라 해서 관백정이라 하였다. 맑은 날씨에는 백도와 한라산이 보인다고 한다. 고도선착장에서 백도유람선을 탔다. 어제는 수리 중이어서 결항한다고 했는데 출발하였다. '남해의 소금강'이라 불리는 명승지를 볼 수 있어서 다행이었다. 이곳에서 28km 떨어진 백도는 40분을 가야 한다. 백도는 1979년 명승 제7호로 지정되었다. 39개의 무인군도로 이루어져 있고 상백도와 하백도로 구분한다. 배에서 내리지 않고 한 시간 동안 돌아보는 코스이다. 선장님은 백도의 다양한 형상에 대하여 실감 나게 해설하였다. 순식간에 한 시간이 지나가고 거문도로 회귀하였다.

몇 해 전, 진도군의 조도여행에서 영국인 바실 홀이 '세상의 극치'라고 감탄했다는 장소에 갔다. 그곳에서 거문도에 해밀턴항구를 건설하였고 1885년부터 2년 동안 영국군대가 불법으로 주둔하였다는 역사적인 사실을 알았다. 영국군은 주민에게 땅을 임대하고 군인 막사를 지을 때 노동에 대한 대가를 지불하였다. 하루 임금 6펜스 대신 필요한 물품과 의료지원의 혜택을 주었다. 영국군은 러시아의 남하를 저지하기 위해서 포트 해밀턴*에 거점을 세우고 2년 후 철수하였다. 강압적이지 않고 신사적으로 대해 준 영국군에 주민들은 호의적이었다.

이제까지 우리나라와 지구 반대편에 있는 영국과는 별 관계가 없는 것으로 알았다. 이렇게 다도해 남쪽 끝 섬 거문도에 영국의 자취가 숨어 있다는 사실이 신기하였다. 그래서 더 호기심이 생겼다. 마지막 일정으로 영국군 묘지를 찾아갔다. 가는 길 곳곳에 영국군이 사용하였던 당구장, 테니스장, 홍콩과 연락을 취하기 위한 해저 케이블시설 등 흔적들이 남아있었다.

1박 2일의 일정을 무사히 마쳤다. 옛 해밀턴항구를 출발하여 고흥 녹동신항으로 향하였다. 잔잔한 바다를 바라보며 만감이 교차하였다. 조선은 강대국들 사이에서 약소 민족의 설움을 안고 살아왔다. 이제는 일인당 국민소득 3만불 시대를 맞이하였다. 경제대국 대한민국이 자랑스럽다. 후대엔 평화의 시대만 펼쳐지길 기원한다.

*포트 해밀턴 : 1845년 사마랑samarang호를 이끌고 거문도를 탐사한 영국 해군 에드워드 함장이 당시 영국 해군성 차관의 이름을 따서 포트 해밀턴Port Hamilton으로 명명하였다.

두문동재 분주령

　백두대간 두문동재에 도착하였다. TV에서 '백두대간'이라는 말이 나오면 산악인만 갈 수 있는 특별한 곳으로 인식하였다. 5시간 산행을 한다는 말에 덜컥 겁이 났다. 무식하면 용감하다는 말처럼 무조건 따라나선 것이 후회되었다. 예약 안내센터에서 간단한 설명을 듣고 바코드카드를 받았다.
　산행에 자신이 없어서 가이드보다 앞서서 출발하였다. 갈림길에서 무심코 앞사람을 따라서 오른쪽 길로 향하였다. 분주령까지는 평지길을 오르락내리락 걷는다고 들었는데 오르막길이었다. 헉헉거리며 올라갔다. 산에서는 사람이 가장 무섭다는데 사람 소리가 들리지 않으니 왠지 불안하였다. 잠시 후 뒤에서 오는 사람들이 혼자 왔느냐고 물었다. 일행이 뒤에서 오고 있다고 말하니 "그 사람들 왼쪽 길로 갔는데요?" 했다. 그럴 리가 없는데 이상하였다. 금대봉에 도착하였다. 일행과 떨어졌다고 말하니 여자 둘이 함께 가자고 하였다. 인증샷을 남기고 곧 뒤따라 나섰는데 보이지 않았다. 길을 잘못 왔나 덜컥 겁이 났다. 금대봉으로 되돌아갔다. 뒤늦게 도착한 사람들이 길은 하나밖에 없다고 하였다.

급경사 내리막길을 내려가니 대덕산 안내센터가 나왔다. 예약하고 받은 바코드 카드를 찍고 들어가게 되어 있었다. 비로소 자연생태 보호구역의 산행이 시작되었다. 내리막길이 계속된다는 말에 안심되었다. 그런데 우리 일행은 어디쯤 오는 걸까? 만나기를 포기하고 혼자 걷기 시작하였다. 며칠 동안 계속된 비로 길이 미끄러웠다. 우거진 숲이라서 가랑비는 운치가 있었다. 천상의 화원 곰배령과 엇비슷하리라 생각하였다. 그런데 길이 없었다. 사람들이 걸어가면서 생긴 자연적인 길이었다. 풀숲을 헤치며 걸었다. 앞서가는 여자가 혼자 왔느냐고 물었다. 자기도 일행에게서 뒤처졌다고 하였다. 그가 야생화를 찍는 모습에서 나도 안정을 찾았다. 함께 대화를 나누며 나이가 몇이냐고 묻는 그에게 솔직히 말하였다. 내 말에 그도 나도 화들짝 놀랐다. 10년은 줄여서 말할 걸 후회되었다.

"건강하시네요!"

덕담을 건네고 그녀는 미끄러운 길에 조심하라고 앞서가며 일러주었다. 걸음이 늦은 나는 다시 혼자가 되었다. 한 시간쯤 걷자 조금 담력이 생겼다. 문득 고향 산마루에 살았던 기억이 되살아났다.

산동네에 살고 있을 때 아침마다 앞산에 올랐다. 어느 날 안개 낀 숲길에서 어느 청년이 목매달아 죽었다는 나무가 눈에 들어왔다. 그만 되돌아갈 수도 없었다. 서늘한 가슴을 꽁꽁 싸매고 걸음을 재촉하였다. 자꾸만 누가 뒤따라오는 것 같았다. 정상에 올라섰다. 짙은 안개 속에 아래로 외줄기 황톳길만 길게 뻗어 있었다. 두려움이 엄습하였다. 혹여 누가 손을 내밀어 붙잡을까 겁이 나서 뛰기 시작하였다. 동네가 보이니 안심이 되었다. 무서웠던 기억은 아직도 또렷이 남았다.

문득문득 그때 일이 생각난다. 그 청년은 무슨 사연으로 삶을 포기했을까? 세상살이가 힘들어도 내 편 하나만 있으면 살만하다고 한다. 나도 세상에 동그마니 혼자 남았다고 생각할 때가 종종 있었다. 이 정도에서 끝내도 여한이 없다는 생각이 든 적도 있었다. 그럴 때면 정신을 바짝 차리고 스치는 죽음의 유혹을 힘껏 밀어냈다. 《길은 여기에》에서 생을 포기하려는 '미우라 아야꼬'에게 애인 '마에가와 다다시'는 "산다는 것은 인간의 권리가 아니고 의무"라고 강조하였다. 결국 미우라 아야꼬는 '내가 절망하지 않고 지금까지 살아온 것은 그래도 내일이 온다는 희망이 있었기 때문이다.'라고 고백하였다. 내 의지와 상관없이 이 땅에 태어났으니 삶의 의무를 다하고 하늘에서 부르는 날을 기다려야 마땅하다.

풀을 헤치고 길을 걷는데 뱀이 혹시 나올까 봐 겁났다. 발에 뱀이 엉길 것만 같았다. 또 막다른 길이 나오면 심장이 덜컥했다. 끝에 닿으면 나무 뒤로 길이 나타났다. 나무가 길을 막고 서 있었다. 반복되다 보니 으레 그러려니 여유가 생겼다. 인생도 막다른 골목이라고 낙심할 때가 있다. '삶은 하나의 모험이고 이 모험이 벼랑으로 몰아갈 때가 있다.'라고 '린다 피콘'은 말하였다. 살다 보면 죽으라는 법은 없다는 말처럼 뚫고 나갈 방도가 생겼다. 삶의 곡예를 즐기는 지혜가 필요하였다.

안개가 자욱한 숲속 길에 벅찬 감동이 몰려왔다. 내 생애에서 이런 신비스러운 숲길을 얼마나 자주 걸을 수 있을까? 이곳에 있다는 것이 꿈만 같았다. 야생화의 천국에 들어섰다. 하늘말나리는 코랄 색깔이 선명하고 아름다웠다. 둘째 딸의 이름을 닮아서 더 정이 갔다. 속단꽃은 옛 어른들이 정성스럽게 만든 수공예품처럼 아기자기하였다. 꿀방망이라는 별명을 가진 꿀풀은 여러 장의 보라색 잎이 봉우리를 감싸고 있었다. 인간이 흉내 낼 수 없는 신의 작품이었다. 큰까치수염은 하얀 구슬 같은 모양이 촘촘히 박혀있고 별꽃 모양이었다. 노루오줌은 핑크 꼬리털 모양이 줄기를 따라 올망졸망 피었다. 꽃망울 맺힌 일월비비추의 군락지는 어린아이들이 소풍을 나와 모여있는 모습 같았다. 혼자 걷는 길이 익숙해질 때쯤 저 멀리 사람들이 보였다. 바로 목적지 분주령이었다. 꼬박 2시간 30분을 걸었다. 삼삼오오 앉아서 점심을 먹고 있었다. 상기된 모습으로 서로 어떻게 된 일이냐고 물었다. 산행 처음 갈림길에서 엇갈리게 된 것을 알았다.

 분주령에서 한 시간을 더 오르면 대덕산 정상이다. 다음을 기약하고 검룡소를 향해 내리막길로 향하였다. 세심 탐방 안내센터에 도착하였다. 바코드를 찍고 자연생태 보호구역을 벗어났다. 신선이 사는 곳에서 사람 사는 세상으로 나오는 것 같았다. 옆으로 난 다리를 건너 검룡소 길로 들어섰다. 환영하는 듯 물소리가 힘찼다. 한강의 발원지 검룡소에 도착하였다. 폭포처럼 쏟아지는 검룡소에서 말할 수 없는 희열이 일었다.

 백두대간 두문동재에서 분주령을 거쳐 검룡소까지 산행을 무사히 마쳤다는 기쁨이 샘솟았다. 해냈다는 이 기분을 무엇과 비교할 수 있으랴! 다음에는 대덕산 정상에 올라서 백두대간의 웅장한 모습을 바라보고 싶다.

*분주령을 다녀온 두 달 뒤에 대덕산 정상에 올랐다.

버킷리스트 지리산

　1년 전 골절되었던 발가락이 다시 부어올랐다. 스틱을 잡았던 팔과 무릎도 통증이 심하다. 남원 땅에 찾아온 이몽룡이가 변학도에게 곤장을 몇 대 맞은 것같이 온몸이 쑤신다. 철모를 때 시집가라는 옛 어른들의 말씀이 생각난다. 버킷리스트 지리산을 겁없이 따라나서다니!
　아이들 어릴 때 남편은 고등학교 동창들과 지리산 종주를 떠났다. 천왕봉에 오르기 위해서 음식과 침낭까지 꼼꼼히 챙겼다. 워킹맘으로 시간적 여유도 없었지만 만만한 산은 아니라는 것을 짐작하였다. 그래서 바래봉 철쭉을 보러 간다고 하였을 때 지리산에 한발 다가갈 수 있다는 것만으로도 설레었다.
　잠실역에서 출발하여 네 시간 만에 남원시 운봉읍 용산 주차장에 도착하였다. 버스 안에서 가이드가 일정을 안내해 주었다. 그런데 바래봉 삼거리까지 계속 오르막이 있다는 설명을 간과하였다. 용산 주차장에서 산행을 시작하였다. 1km를 걸으니 운지사와 바래봉 표지판이 나왔다. 바래봉 방향으로 본격적인 오르막길이 시작되었다. 처음엔 대수롭지 않게 생각하였다. 그런데 지금까지 산행할 때와 사뭇 다르게 지루한 산길이 계속 이어졌다. K가 점심을 먹고 가자고 하였지만 다른 사람보다 걸음이 늦은 편이니 마음이 조급하여 배도 고프지 않았다. 두 시간을 계속 올라가니 체력의 한계가 느껴졌다. 그늘에서 간단히 점심을 먹었다. 쉬고 나니 한결 나았다. 힘들수록 쉬어 가라는 말이 옳았다. 조금 더 올라가니 드디어 하늘길이 열렸다. 오르막길 2시간 30분 만에 바래봉 삼거리에 도착하였다. 바래봉과 팔랑치 갈림길이 나왔다. 지리산 봉우리를 먼저 보고 싶어서 바래봉으로 향하였다. 팔랑치보다 좀 더 가까우니 얼른 성취감을 맛보고 싶었다.

드디어 바래봉 정상에 올랐다. 이곳은 1970년대 경제성장을 위하여 양떼들을 키운 목장이었다. 양들이 초목과 잡목을 먹고 독성이 있는 철쭉들을 남겨놓은 자리들이 군락을 이루었다. 지금은 소백산, 황매산과 함께 철쭉으로 유명한 관광지가 되었다. 병풍처럼 펼쳐진 산세 풍광이 푸른 5월을 반영하였다. 모방할 수 없는 자연이 빚어낸 초록빛의 향연이었다.

토요일이라 정상석에서 인증샷을 찍으려는 줄이 길게 늘어섰다.

겨우 인증샷을 찍고 내려오는데 풍경이 너무 아름다워서 눈을 뗄 수가 없었다. 〈사운드 오브 뮤직〉 영화의 한 장면이 떠올랐다. 짤츠캄머굿의 알프스 언덕에서 주인공 마리아와 아이들이 피크닉을 나왔던 장소와 닮았다. 삼삼오오 자리를 깔고 한가로이 앉아있는 사람들을 바라보니 나도 지리산의 풍광을 마음껏 즐기고 싶었다. 하지만 시간이 촉박하였다. 약수터에서 시원한 물로 한 모금 목을 축이면서 그만 하산할 것인지 팔랑치를 다녀올 것인지 잠시 망설였다. 철쭉군락지인 팔랑치가 몹시 궁금하였다. 핸드폰을 배낭에 집어넣고 스틱을 양손에 쥐고 나름대로 축지법을 동원하여 팔랑치로 향하였다. 쏜살같이 가고 있는데 가이드가 저만치 오고 있었다.

"어, 다녀오면 늦는데요?"

걱정하는 말을 뒷전으로 하고 내달린다. 팔랑치 입구에 도착하니 산철쭉이 진분홍빛을 자랑하며 손짓한다. 데크 길을 몇 계단 올라서니 바래봉에 오르는 사람들의 모습이 개미처럼 작게 보인다. 시원한 바람이 얼굴을 스치고 철쭉 향기가 온몸을 감싼다. 천상의 화원이 느껴진다.

동영상으로 주변 풍경을 부지런히 담고 내려오면서 자꾸만 뒤를 돌아다 본다.

'내년에 다시 올게.'

만나자 이별하는 연인처럼 못내 아쉬웠다. 더 이상 지체할 수 없었다. 지루하게 올라온 급경사의 산길을 발에 불이 나도록 급히 내려갔다.

흙먼지를 뒤집어쓰고 밋밋한 돌을 미끄러지지 않게 밟으며 앞만 보고 올라갔다. 힘이 들어 숨이 가빠질 때는 옆에서 하는 소리도 들리지 않았다. 마치 세상 물정 모르고 시집온 여인들의 인생살이를 닮았다. 시집살이와 고부갈등의 벽이 기다리고 있을 줄은 미처 예상하지 못하였다. 옛 어른들이 화장실과 친정은 멀수록 좋다고 말한 이유가 있었다. 엄마라는 이름표는 포기할 수 없는 하늘이 맡겨준 막중한 책임이었다. 자식들이 떠난 빈 둥지 속에서 수십 년 모진 비바람에 삭아져 내린 초가집 지붕처럼 몸이 무너져 내렸다.

우연히 여행 모임을 소개받고 참석하였다.
"처음에 선생님을 보고 한두 번 나오다가 포기할 줄 알았어요. 그런데 한참 후에 다시 보니 너무 잘 다니는 거예요."

회원 C가 건강해진 내 모습에 놀랍다며 엄지척을 하며 말했다. 다녀오면 여독에 몸살이 났지만 꾸준히 참석하였다. 암 환우들의 쉼터인 장성 편백나무숲의 공기가 신선했다. 폐부가 환기되는 듯하였다. 건강해지고 있다는 신호였다. 피아니스트의 손가락이 악보를 기억하는 것처럼 다리도 걷는 것을 기억하였다. 평지만 걷다 보면 산에 오르고 싶은 충동을 느낀다. 다리가 산에 오르고 싶다는 신호를 보낸다.

버스에 올라 오늘 산행의 뒷이야기가 풍성하였다. 바래봉 철쭉을 보러 가자는 친구의 꼬임에 따라나섰다가 "이게 등산 '하'에 속하는 거니?" 화를 내는 회원도 있었다. 바쁘게 살아온 우리 세대에게 지리산은 해외여행보다 더 접근하기 힘든 곳으로 느껴졌다. 젊은 세대와 산악인들만 올라갈 수 있다고 믿었다. 베일에 싸여 있다가 늘그막에 호기심으로 찾아왔는데 생각보다 힘들었다.

쉬운 인생이 없듯이 건강을 지키는 것도 절대 쉽지 않다. '인간은 걸을 수 있는 만큼만 존재한다'고 장 폴 사르트르는 말하였다. 내일 노고단 산행이 예정되어 있다. 시작은 반이 아니라 100%라는 말이 있다. 이제 버킷리스트 지리산이 좀 더 친근하게 다가왔다. 한 걸음씩.

버킷리스트 태백산

엉겁결에 태백산 정상에 올랐다. 주목군락지의 풍경에 전율하였다. 힘든 만큼 보람된 산행이었다. 해냈다는 기쁨의 잔상이 박하 향처럼 온몸에 퍼졌다.

코로나19 이후 3년 만에 태백산 눈축제가 개막되었다. 대형 눈 조각 작품이 뉴스에 나오니 호기심이 생겼다. 어릴 적 사회시간 산맥 이름 외우기를 할 때는 태백산맥이 가장 믿음직스러웠다. 백두대간의 근간을 이루며 한반도 지형을 맏형처럼 받쳐주고 있었다. 태백산에 대한 궁금증이 일찍이 마음에 새겨졌다. 하지만 무지외반증으로 엄지발가락 기울기도 더욱 심해져서 산행은 엄두가 나지 않았다. 축제장의 눈 조각 작품들을 감상하고 이글루 카페에서 커피 한잔의 낭만으로 만족할 것 같았다. 봄이 오기 전 겨울의 끝자락을 즐기고 싶었다.

새벽녘 서울 잠실역을 출발하여 태백에 다다를 무렵이었다. 가이드가 일정을 설명해 주었다. 나는 망설임 끝에 정상까지 올라가는 등산코스를 신청하였다. 이번 기회를 놓치면 영영 해낼 수 없을 것 같았다. 올라가다가 힘들면 내려오는 한이 있어도 도전하고 싶었다. 일단 시도라도 해 봐야 후회하지 않을 것 같았다.

태백산은 1,567m로 남한에서 7번째로 높은 산이다. 하지만 유일사 주차장이 해발 800m 높이에 있어서 정상까지 767m만 올라가면 되었다. 우리 일행은 유일사 주차장에 도착하였다. 아이젠과 스패츠를 착용하였다. 지리산 바래봉처럼 초입부터 오르막이 시작되었다. 조금 올라갔는데 벌써 땀이 났다. 서두르지 않고 천천히 2.4km를 올라가니 유일사 쉼터가 나왔다. 이곳에서 점심 같은 간식을 챙겨 먹었다. 천제단까지 돌계단 1.7km를 더 올라가려면 에너지를 충전해야 하였다.

눈으로 덮인 산길을 한발 한발 힘들게 오른다. 지루하다 싶을 무렵에 주목군락지가 나타난다. 1,000m 이상의 고산지대의 살아있는 화석 같은 존재다. 사진으로만 본 풍경의 현장에 내가 두 발로 서 있다는 사실이 믿어지지 않는다. 가슴이 벅차오르고 눈물을 글썽거린다. '주목'은 나무의 껍질이 붉은색을 띠고 목재도 붉은색이어서 붙여진 이름이다. 나이테가 없어서 육안으로는 수령을 측정하지 못하고 줄기에 구멍을 뚫어 현미경으로 관찰한다. 태백산 일원에는 수령이 300년 이상의 주목나무가 4천 그루 정도라고 한다. 900년으로 추정되는 주목들이 속이 텅 비어있는 상태로 서 있는 모습이 처연하다. 저마다 제멋대로 휘어지고 말라서 뒤틀린 고사목들이 신비스럽다. 살아서 천년 죽어서 천년을 산다는 강인한 생명력이 느껴진다. 주목의 군상들이 한 폭의 명화처럼 우뚝 서 있다. 시간 가는 줄 모르고 여기저기 주목의 다양한 형태를 바라본다.

드디어 1,567m 태백산 정상이다. 매서운 바람이 몰아친다. 탁 트인 사방으로 백두대간의 산능선들이 가까이 다가온다. 묵묵히 자기 자리를 지키고 있는 위용이 느껴진다. 장군봉 정상석에서 인증샷을 찍고 골짜기를 지나서 천제단으로 향한다. 천제단은 총 3기의 제단이 남북으로 늘어 서 있다. 처음 보이는 것이 장군단이고 영봉(해발 1,561m)에 천왕단이 있다. 새해 일출을 보러 많은 인파가 몰리는 장면이 TV에 나오는 곳이다. 하늘에 제사를 지내는 민족의 영산이다. 태백산의 높다란 표지석 앞에서 당당하게 인증샷을 남긴다.

하산이다. 수많은 계단은 온통 눈으로 덮여있다. 급경사 길을 옆에 밧줄을 잡고 조심스럽게 내려간다. 일행들은 어느새 시야에 없다. 혼자 덩그러니 남게 되니 조급해진다. 자칫하면 발을 헛딛을 것 같아서 정신을 바짝 차린다. 단종비각을 지나고 망경대에 이른다. 한국에서 가장 높은 곳(해발 1,470m)에서 솟는 샘물 용정이 있다. 천제용으로 쓰인다고 하는데 얼어서 물맛을 보지 못해 아쉽다. 조용한 산길을 혼자 걷는다. 반재에 도착한 후 당골광장 방향으로 향하는데 해가 기울어간다. 사방이 어두워지고 울창한 숲속에서 금방이라도 멧돼지가 출몰할 것 같다. 무서운 생각에 몸이 오싹해진다. 불안한 마음을 진정시키며 돌계단을 계속 내려가니 평탄한 임도가 나온다. 안도의 한숨이 나온다.

천왕단에서 눈 축제장까지 4.4km! 내려오는데 꼬박 2시간이 넘게 걸렸다. 태백산은 암벽이 많고 오르기 힘들다는 선입견에 잔뜩 겁을 먹었다. 그러나 커다란 평범한 산이었다. 누구든지 차별 없이 받아주는 어머니의 품 같았다. 인내심을 갖고 도전하면 가능하였다. 포근한 날씨가 한몫해 주었다. 비바람이 불고 눈보라 속이었다면 감히 용기를 내지 못하였을 것이다.

버킷리스트 태백산을 달성하였다. 호젓한 산길에서 담력을 키웠다. 칼바람 속에서 버티는 주목들을 보고 끈질긴 생명력을 느꼈다. '노병은 결코 죽지 않는다. 다만 사라질 뿐이다'라는 더글러스 맥아더 장군의 말이 떠올랐다. 어깨를 활짝 펴고 두 주먹을 불끈 쥐었다.

5장 _ 또 하나의 행복

또 하나의 행복

대학생이 된 말괄량이 삐삐

영호의 편지

복건토루 객가인

환상의 섬 조도와 관매도

풍도楓島 붉배

해남 달마산 도솔암

한국의 갈라파고스 굴업도

전사 그리스도, 체 게바라

원추리꽃과 노고단

또 하나의 행복

"여기 앉아도 될까요?"

출판기념회에 참석하여 빈자리가 있어 양해를 구하였다. 앉아있던 학부모는 괜찮다고 말하였다. 그러다 눈이 마주친 우리는 깜짝 놀랐다.

"어머, 선생님 아니에요? 저 승규 엄마예요."

10년 전 가르쳤던 승규가 어떻게 지내고 있나 그동안 궁금하였다.

나는 승규가 초등학교 2학년 때 담임이었다. 승규는 천진스럽고 사랑스러웠다. 그런데 친구들과 어울리지 못하고 항상 혼자 놀았다. 또 조별 학습을 위해 모아 놓은 색연필, 크레파스, 연필 등을 모두 부러뜨렸다. 2학기에 들어서자 1학기에 비해 그림이 현저히 달라졌다. 1학기에는 어두운 밤하늘에 별을 가득 그리기도 해서 상상력이 풍부하다고 생각하였는데 도화지 전체에 한 사람만을 단순하고 커다랗게 그려 놓았다. 이상한 생각이 들어서 1학년 때 담임선생님에게 물어보니 그때 승규 별명이 '나 홀로'였다고 한다. 친구들과 어울리지 않고 혼자 돌아다니며 막대기 종류는 모조리 부러뜨렸다고 하였다. 담임은 이런 사실을 외동아들을 귀하게 키우는 엄마에게 차마 말해 줄 수가 없었다고 하였다.

나도 몇 년 전 비슷한 경험을 하였다. S초등학교에서 3학년 민식이를 담임하였는데 그 시절에는 'ADHD(주의력 결핍 행동장애)에 대한 이해가 부족할 때였다. 1년 동안 학교생활을 유심히 살펴보면 다른 아이들과 차이점을 알 수 있었다. 학교에서 운동장 조회를 하는 날이었다. 스피커에서 음악 소리가 크게 울리자 아이들은 소란을 피우며 교실을 빠져나갔다. 그런 분위기에도 민식이는 개의치 않고 혼자만의 세계에 빠져 있었다.

"뭐 하고 있니?"

가까이 가서 말을 하면 그제야 아무렇지도 않다는 듯이 슬그머니 나갔다. 수업 시간과 상관없이 동화책 내용에 감동하면 책상 위에 올라가서 큰 소리로 읽었다. 그리고 아무 때나 생각나면 손을 들고 엉뚱하게 발표해 아이들이 웃었다.

"너희들은 내가 말만 하면 웃니?"

민식이는 웃어대는 친구들에게 화를 냈다. 사람을 똑바로 바라보지 않고 항상 무언가를 생각하는 표정이었다. 그림을 그릴 때도 빨간색으로 복잡하게 공룡 같은 것을 그리고 온통 까만색으로 덧칠하였다. 체육 시간에 달리기 시합할 때면 행동이 느린 민식이는 따돌림당하고 서로 자기편에 넣어주지 않았다. 내가 민식이 손을 잡고 함께 달리기를 하였다. 현장학습을 가면 친구들과 놀 수 있게 배려하고 가까이에서 지켜보았다.

1995년 한 신문 기사에서 이 '주의력 결핍 행동장애'에 대해 자세하게 소개하였다.

> 집에서는 잘 파악이 안 된다. 학교에 들어가서 단체생활을 하면 알 수 있다. 조기 발견과 조기 치료가 매우 중요하다. 담임선생님이 발견하면 학부모에게 꼭 알려주어야 한다.

미국에서 공부하고 돌아온 소아정신과 의사 인터뷰 중 한 부분이다. 1년을 마무리하는 종업식 날, 고민 끝에 편지를 써서 신문 기사와 함께 민식이 어머니에게 보냈다. 다음 날, 외할머니와 엄마가 교장 선생님에게 찾아와서 강력하게 항의하였다. 정상적인 아이를 바보 취급했다며 으름장을 놓았다. 선배 교사들도 괜한 일을 해서 긁어 부스럼을 만들었다고 나무랐다.

이렇게 학부모에게 항의를 들었던 적이 있던 터라 승규에 대해 더욱 고민되었다. 그래도 행동장애의 심각성과 조기 치료의 중요성을 알고 있는 교사의 양심으로서 아이의 상태를 알려주는 것이 마땅하다고 생각했다.

승규 엄마는 직장생활을 하면서 시골에 있는 시부모에게 어린아이를 맡긴 적이 있다고 하였다. 그때 혼자 생활하는 습관이 생긴 것 같다며 눈물을 흘렸다. 상담이 끝나고 엄마에게 조심스럽게 소아정신과를 소개하였다.

다른 학교로 발령을 받고도 가끔 승규를 생각했다. 아이의 행동에 무조건 꾸중했던 지난 일이 마음에 걸렸다. 그런데 뜻밖에 출판기념회 자리에서 승규 엄마를 만난 것이다.

"선생님, 그때 승규에 대해 바르게 상담해 주지 않았으면 우리 아이는 큰일 날 뻔했어요."

조기 발견으로 승규는 빨리 치료를 받아서 정상으로 돌아왔고, 지금은 고등학교 3학년인데 공부도 잘하고 있다고 했다. 승규 엄마는 내 손을 붙잡고 눈물을 글썽이며 말을 잇지 못하였다.

학부모에게 억울한 일을 당한 기억 때문에 승규의 행동장애를 방관했다면 적절한 치료시기를 놓쳤을 것이다. 승규 엄마를 만나서 소식을 듣게 되니 너무 기쁘고 행복하였다. 이런 게 교사의 보람이구나 싶었다.

대학생이 된 말괄량이 삐삐

초등학교 3학년 수진이는 아침마다 잔뜩 찌푸린 얼굴로 교실 문을 밀어젖혔다. 오늘은 누구와 한바탕 시작할까 시선이 한곳으로 꽂혔다. 쉬는 시간이면 어느새 비명이 들렸다. 서둘러 복도로 나가보니 할퀸 얼굴을 감싸고 아이가 울고 있었다. 담임으로서 무사히 하루가 지나가기를 바라는, 긴장된 생활의 연속이었다. '말괄량이 삐삐' 같은 아이였다.

수진이는 아기 때 부모가 이혼해 아빠 쪽 친척 집을 전전하다가 고모할머니가 맡아 길렀다. 말썽을 일으키는 이유는 부모의 애정 결핍에서 오는 외로움이었다. 나도 세 살 때부터 부모와 떨어져 외가에서 살았다. 목이 쉬도록 '엄마'를 부르며 울었다. 혼자 집을 지킬 때면 마루 밑 신발을 모두 꺼내 놓았다. 무서워서였다. 그러곤 혼자가 아니라는 듯 할머니 옷을 입고 이모들 목소리를 흉내 내었다. 마당에 옹기종기 핀 꽃들을 보면 가족이 생각났다. 엄마가 데리러 올 날만 손꼽아 기다렸다. 그런 기억이 결손가정 아이들의 마음을 이해하게 해 주었다. 그래서 수진이에게 꾸중은 자제했다. 급식실에 마주 앉아 점심을 먹으며 이야기도 많이 나누었다. 수학이나 글짓기를 잘한다고 아낌없이 칭찬도 해 주었다.

어느 날, 수진이 일기장을 보았다.

창밖을 바라보니 비가 내린다. 나도 모르게 내 눈에 눈물이 주르르 흘러내렸다. 아빠가 소식이 없다!

수진이는 세 분의 할머니와 살았다. 말투도 행동도 애어른이었다. 엄마는 얼굴조차 모르고, 의지해온 사람은 아빠뿐이었다. 그런데 갑자기 소식이 끊겨 당황스러운 마음을 적은 것이다. 내가 물으니 '연락이 안 된다'며 눈물을 떨어뜨렸다. 천하에 무서운 것 없던 모습은 간데없이 어깨가 축 처졌다. 곧 추석이니 그때도 오시지 않으면 아빠 소식을 꼭 알아내 주겠다고 안심시켰다.

추석을 지내고 만난 수진이는 밝았다.

"추석날 아침 아빠가 오셨어요. 오토바이 사고를 냈는데 치료비를 줄 수 없어 교도소에 갔대요. 내가 가장 걱정됐대요."

세상을 다 얻은 듯 기뻐했다. 우린 더 친해졌다. 등교하면 지난밤

할머니들 얘기를 쏟아내고, 날마다 입으로 일기 쓰듯 보고했다. 그러더니 생활부장처럼 장난치는 아이들을 나무랐다. 나는 웃음이 나왔다.

나는 무료 급식을 신청하고 수진이 집에 컴퓨터도 놓아주었다. 글짓기에 소질 있으니 재능을 발휘하게 해주고 싶었다. 학급에서 쌀을 모아 전달한 적도 있다. 고모할머니는 "더 어려운 아이에게 주라" 하며 한사코 사양하였다. 방학에는 꼭 아빠와 지내게 해달라고 나는 부탁드렸다.

겨울방학이 끝나고 온 수진이는 행복한 모습이었다. 작년 3월 모습은 찾아볼 수 없었다. 졸업 무렵엔 이런 편지를 받았다.

> 어두웠던 마음의 문이 활짝 열려서 하얀 눈꽃 송이가 뒤덮여 있는 넓은 들판이 되었어요. 학교에 다니는 것과 친구들이랑 지내는 것이 즐거워요. 공부도 더 잘하게 되었어요. 희망을 잃지 않고 열심히 노력하겠습니다. 엄마같이 대해 주셔서 정말 고맙습니다.

그 후로도 수진이가 어떻게 지내는지 궁금했다. 10여 년이 흘러 얼마 전, 길에서 우연히 고모할머니를 만났다. 말광량이 삐삐 같던 수진이가 어엿한 대학생이 되었다고 했다. 고모할머니는 내 손을 잡고 연신 고맙다고 했다. 교사에게 더 기쁜 일이 있으랴. 몇 년 후면

직장도 갖고 사랑하는 사람 만나 결혼도 하겠지. 어서 그런 소식이 들리면 좋겠다.

*글에 나오는 아이들 이름은 모두 가명임.

영호의 편지

스승의날에 한 통의 편지가 날아왔다.

선생님, 저 영호예요. 태어나서 편지라는 것을 처음 써 봅니다. 중학교에 입학하여 공부를 열심히 하고 있어요. 선생님 은혜는 평생 잊지 못할 거예요.

연필과 볼펜을 섞어서 어설프게 써 내려간 편지를 읽었다. 힘들었던 시간이 벅찬 감동으로 다가왔다.

출근하여 4층 계단을 오르는데 층계마다 피가 뚝뚝 떨어져 있었다. 무슨 일이 있나 고개를 갸웃거리며 교실에 들어갔다. 아이들이 양호선생님이 재식이를 병원에 데리고 갔다고 아우성이었다. 화장실에서 말다툼하다가 성격이 급한 영호가 옆에 있는 연탄집게를 들어서 재식이의 머리를 내리친 것이었다. 급히 병원으로 달려가니 재식이 엄마가 울부짖었다.

"우리 아들이 여섯 살 때 교통사고로 머리를 크게 다쳤는데 또 이렇게 되었으니 어쩜 좋아요?"

재식이는 머리를 수십 바늘을 꿰매었다. 연락받고 달려온 아버지도 단단히 화가 났다. 담임교사의 생활지도에 대해서 교육청에 강력하게 항의하겠다고 으름장을 놓았다.

"아버님, 어렵지만 상대방을 용서할 수 있는 길을 선택한다면 재식이가 부모를 존경하지 않겠어요? 이번 기회에 부모님께서 세상을 살아가는 지혜를 아이에게 가르쳐 주세요."

아들의 상태를 보고 가슴이 무너져 내려서 모진 말을 하는 부모를 이해시키고 학교로 돌아왔다. 교실에 들어오니 흥건히 피로 물든 잠바가 내 책상 위에 놓여있었다. 조개탄을 사용하는 난로에 물을 데워서 깨끗하게 빨았다. 영호와 아이들은 잔뜩 겁을 먹고 선생님의 눈치를 살피며 조용히 앉아있었다. 나는 아이들에게 사람은 다 실수하면서 살아가는 것이라고 말하였다. 우리 반은 한 가족이나 마찬가지이니 실수한 영호를 감싸 주어야 한다고 강조하였다. 또 다친 재식이가 빨리 회복될 수 있기를 기도하자고 하였다.

영호 어머니에게 전화하니 또 무슨 일 생겼느냐고 놀라며 물었다. 영호는 평소에 말이 없고 내성적인 성격인데 친구들과 다툼하면 초등학교 아이답지 않게 '욱' 하고 참을성이 부족하였다. 그래서 친구의 팔을 부러뜨려 놓기도 하였고 코뼈를 부러뜨려서 문제를 일으켰다. 학교 지정병원에서 의사선생님이 "왜 이렇게 선생님 반만 병원에 자주 오세요?"라는 말을 듣는데 가해자가 대부분 영호였다.

한걸음에 달려 온 영호 어머니에게 말씀드렸다.

"영호 어머니, 만약 오늘과 같은 일이 고등학교에서 일어났다면 더 큰 사고가 났을 거예요. 초등학교 아이라 천만다행이었어요. 이번 일을 계기로 확실하게 반성하는 기회로 삼도록 해요. 영호는 머리가 좋고 생각이 깊은 아이예요. 과격한 행동만 절제하면 될 테이니 우리가 희망을 갖도록 해요."

아이를 야단치지 않기로 어머니와 단단히 약속하였다. 다행히 부모들끼리는 자식을 키우는 처지에서 서로 양보하며 잘 해결하였다. 재식이도 병원에서 입원 치료를 잘 받고 무사히 졸업하였다.

중학교에 입학하고 얼마 후 아이들이 찾아왔다.

"선생님, 영호네 집 경사 났어요. 이번 시험에 전교에서 십몇 등을 했어요."

아이들은 마치 자기들이 해냈다는 표정으로 함박 웃으며 자랑스럽게 이야기하였다.

나는 아이를 낳고 몸도 회복되지 않은 상태에서 이 학교에 발령을 받았다. 젖먹이를 떼어놓고 근무하는 시간은 무엇보다도 소중하게 생각되었다. 아이를 돌봐 주어야 할 시간에 학교에서 아이들을 가르치는 장소에서 엄마 노릇을 하기로 마음먹었다. 담임을 맡은 아이들은 내 아들과 딸이라고 생각되었다. 그래서 학교에서 일어난 문제들은 부모 된 입장에서 최선을 다하였다. 영호 이야기를 들으니 힘들었던 시간이 진주를 만들기 위한 고통의 과정으로 느껴졌다.

미국의 시인인 랄프 에머슨은 〈무엇이 성공인가〉라는 글에서 '성공은 자기가 태어나기 전보다 세상을 조금이라도 더 좋게 만들고 떠나는 것'이라고 하였다. 또 '자신이 한때 이곳에 살았으므로 해서 단 한 사람의 인생이라도 행복해지는 것이 진정한 성공'이라고 하였다. 에머슨의 말대로 성공은 아주 가까운 곳에 있었다.

영호는 지금쯤 한 가정의 가장이 되었겠지. 5월이 되면 영호의 편지가 생각난다.

*글에 나오는 '영호'는 가명임.

복건토루 객가인

EBS TV 〈세계테마기행〉에서 거대한 비행접시 모형이 모여 있는 모습들이 신기하였다.

남정으로 이동하여 토루 문화여행 2박 3일이 시작되었다. 평소에 유대인에 관심이 많아서 중국의 유대인이라는 별칭을 갖는 객가인에 대해서도 호기심이 생겼다. 객가인客家人은 한족으로 황하강 북쪽에 살던 삼묘족의 후예라고 전한다. 진나라의 혼란기와 송나라 중엽의 이주 정책, 북송 멸망 시기 등으로 전란을 피해 지금의 광동성, 복건성, 광시성 등의 산간 지역으로 이동하였다. 객가인은 머리가 좋고 부지런해서 관료 출신이 많다. 객가인으로 유명한 사람은 쑨원(중국 혁명의 지도자), 덩샤오핑(중국 개혁 개방을 이끈 전 국가 주석), 리덩후이(전 대만 총통), 리콴유(싱가포르 전 총리), 아키노(전 필리핀 대통령) 등이 있다. 경제 관념도 뚜렷해서 중국인 중 가장 부자인 홍콩의 이가성 등이 있고 장예모, 공리 등 문화예술인들도 이곳 출신이 많다.

입장권에는 전라갱토루군, 유창루, 탑하촌이 포함되었다. 세 풍경구는 4km 정도씩 떨어져 있었다. 복건토루는 복건성 남동부 장주시 남정현에 있다. 전통가옥으로 외부의 침입을 막기 위해서 폐쇄적으로 지어진 중국 최초의 아파트형 공동주택이다. 대부분 12세기에서 20세기에 걸쳐 주변에서 쉽게 구할 수 있는 건축재료인 흙을 다져 원형 또는 사각형으로 형태로 지었다. 최고 8백 명 정도까지 거주할 수 있는 요새화 된 건축물이다. 2008년 6천8백여 개의 토루 무리가 모두 유네스코 세계문화유산에 등재되었다.

가장 먼저 '전라갱田螺坑 토루군'을 보기 위해 전망대에 올랐다. 산 아래 5개의 토루가 옹기종기 붙어있는 풍경이 한눈에 들어왔다. 산 중턱 절벽 위에 비행접시가 내려앉는 모습 같기도 해서 우주 행성에 온 것 같은 착각이 들었다. 복건성토루는 전체적으로 약 2천 개 정도다. 미국 CIA에서 1970년대 위성으로 촬영한 사진에서 독특한 생김새로 인해 대형 핵기지로 오인하여 확인하려고 스파이를 파견하였다. 그래서 전 세계에 더욱 알려지게 되었다. 가장 오래된 가운데 네모난 토루(1796년)를 중심으로 4개의 원형토루가 호위 병사처럼 사방에 하나씩 건설되었다. 이 광경을 음식에 빗대어서 사각토루는 탕湯이라고 하고 원형 토루는 반찬을 뜻하는 채菜라 하여, 사채일탕四菜一

湯이라 부른다. 오른쪽 2개의 건물은 마치 젓가락 모양이라 전체적으로 잘 차려진 밥상을 보는 듯하였다. 황씨 일가가 오리를 키우면서 논밭의 우렁이(전라田螺)를 먹이로 했다는 전설에서 전라갱田螺坑이라고 한다.

셔틀버스를 이용해서 '유창루裕昌樓' 토루로 향하였다. 남정현 토루에서 가장 오래된 원형 토루이며 원나라 말기에서 명나라 초기인 1308년에 지어졌다. 산적을 막기 위해서 3층부터 창문이 있고 1~2층은 하나의 출입문을 제외하고 창이 없다. 1층의 흙벽의 두께는 1.6~1.8m이고 위로 올라갈수록 10cm씩 얇아진다. 각층 54칸, 총 270칸의 방에 최고 4백 명까지 거주하였다. 1층은 부엌, 2층은 곡식 창고, 3층은 노인이 거주, 4층은 젊은이, 5층은 관 목재 보관용으로 사용하였다. 건물 전체 높이는 18.2m이다. 마당에 서서 가이드가 위의 기둥을 가리켰다. 3층과 4층은 시계방향으로, 5층은 시계 반대방향으로 기둥이 15도 기울어졌다. 또 1972년 지진이 발생했을 때 한쪽으로 기울어졌다. 그래도 7백 년 이상 잘 유지되고 있다.

빨간 등이 화려하였다. 집집마다 맨 위층에 등을 매달았다. 늦은 밤 자기 식구들이 모두 들어오면 등불을 끈다고 하였다. 외출에서 돌아온 사람이 입구에 서서 자기 집을 제외한 모든 등이 꺼졌으면 하나뿐인 출입문을 잠갔다. 출입문은 산적들의 습격을 방어하기 위해

두꺼운 철문으로 만들었다. 토루 문 위에는 화재에 대비해서 물 저장고도 갖추어 놓았다.

다른 토루들은 마당에 우물을 크게 팠는데 집마다 1층 주방에 우물이 있어 편리하였다. 내부에 우물이 22개였다. 바닥은 돌이 깔려 있고 배수시설도 잘 되어 있었다. 현재 젊은이들은 살지 않았다. 방음이 되어 있지 않은데다가 화장실이 없었다. 밤 동안의 배뇨물은 4층 회랑 앞에 내놓으면 공동 수거했다. 유창루는 우리나라 배우 소지섭이 출연한 〈카인과 아벨〉의 촬영지로도 유명하다.

운수요 고진에서 '육지 노아의 방주'라고 불리는 '화귀루和貴樓'를 관람하였다. 가장 높은 위층으로 올라갔다. 중국영화의 한 장면이 클로즈업되었다. 겹쳐 보이는 지붕 사이로 종횡무진 날아다니던 무술영화의 주인공 이소룡이 떠올랐다. 이곳은 1732년 풍수가 좋다는 이유로 물가에 가까운 낮고 습한 땅에 짓기 시작하였다. 1층이 완성되었을 때 건물이 점점 밑으로 가라앉는 것을 발견하고 소나무를 잘라 와서 가라앉은 1층 벽면에 촘촘히 박아 넣었다. 그 후로 2백 년이 지났지만 21m, 5층의 사각 토루가 여전히 건재하다. 사각 토루 중 제일 크고 장방형의 구조물이 웅장하였다. 역시 출입문은 하나이다.

우리는 운수요 고진에 있는 숙소로 향하였다. 오래된 민가는 고풍스러웠다. 특히 거실은 중국의 전통을 그대로 보여주는 체험장이었다. 중앙은 사당으로 꾸며 놓았고 양쪽 의자는 주인이 앉아서 손님을 맞이한다. 의자는 신부가 시집올 때 혼수로 가장 비싼 의자를 마련해서 평생 사용하였다. 오랜 세월을 말해주는 듯 미끌미끌하였다. 마을풍경이 참 아름다웠다. 수백 년 수령의 큰 용榕 나무가 강가에 길게 늘어뜨린 모습이 장관이었다. 중국영화 '운수요' 등 수많은 영화와 드라마의 배경이 되었다.

'회원루懷遠樓'는 청나라 시대 1905년에 짓기 시작해 1909년에 완성하였다. 4층 구조에 각층에 36개의 방이 있다. 2층과 4층에 기와로 지붕을 쌓아서 두 개의 원이 쌍가락지처럼 보인다. 그래서 쌍환 원형 토루라고 한다. 1909년에 건축된 토루의 주인은 허베이에서 이주하였다. 대문 위에 태극팔괘를 그렸고 좌우에는 긴 대련對聯을 남겼다. 대련의 첫 글자가 '회'와 '원'이다. '덕을 품어 조상의 교훈을 잘 따르고', '멀리 산을 보고 가까이 물을 생각하듯 우수한 인문적 소양을 갖추라'는 메시지가 담겨있다.

'승계루承啓樓'는 명나라 말기와 청나라 초기 3대에 걸쳐서 16세기부터 20세기까지 이어졌다. 승계루의 뜻은 '선조의 덕과 근검 정신을 이어받아 후손들은 주경야독을 실천한다.'는 뜻이다. 세계문화유산에 등재된 46개 토루군 목록에 올린 이름 중 '승계루'가 가장 유명하다. 그래서 '원형 토루의 왕'이라는 애칭이 있다. 원형 토루 중 가장 규모가 크다. 1708년 청나라 때 강(江) 씨 집성촌으로 세워졌다. 가장 융성했던 시기에는 80여 가구, 6백여 명이 공동생활을 하였다. 마당 가운데 사당을 중심으로 4개의 동심원 토루가 빽빽하게 이어졌다. 안을 뱅글뱅글 돌면서 거닐다 보면 마치 문을 찾아 미로 속을 걷는 기분이다. 4백여 개의 방을 가진 승계루는 아직도 3백여 명이 살고 있다.

유대인은 세계 134개국에 약 1천 5백만 명 정도가 살고 있다. 이는 전 세계 70억 인구의 0.002%에 불과하다. 미국에는 약 7백만 명이 살고 있다. 미국 인구의 약 0.25%의 유대인이 정치, 경제, 영화 등 모든 산업의 분야에서 두각을 나타내고 있다. 전체 노벨상에서도 30%를 차지하고 있고 노벨경제학상은 무려 65%를 차지한다. 전 세계 인구 중 억만장자 3분의 1이 유대인이다.

이들은 2천 년 동안 흩어져 디아스포라로 살았어도 민족 언어인 히브리어를 간직하고 토라(구약성서)의 말씀과 절기를 철저히 지킨다. 유대인들의 성공비법 중 하나는 인적 네트워크가 전 세계적으로 아주 활발하게 이루어졌다. 화교들도 그에 못지않다. 그 중심축이 객가인이다. 객가인들은 세계 전역에 약 9천만 명이 살고 있다. 그들 역시 고유언어인 객가어와 전통문화를 보존한 채 살아가고 있다. 1971년부터 2년마다 세계 각지 도시에서 한 번씩 객가인 친속 근친

대회를 열며 친목을 다지고 있다. 객가인 싱가포르 전 총리의 제안으로 1991년부터 세계 화상 대회(전 세계 해외 화교 상공인들의 2년마다 모이는 모임)도 열린다.

유대인은 시나고그라는 회당을 중심으로 헤브루타식교육을 하고, 객가인은 사당을 중심으로 정신교육을 실시하였다. 유대인은 '게토'라는 주거지 안에서 통행금지 통제를 받으며 가족 중심으로 살았다. 객가인도 토루에서 가족 중심으로 그들만의 교육이 철저히 이루어졌다. 유대인은 문설주와 바깥문 오른쪽에 메주자(Mezuzah)를 부착해 놓았다. 그 안에는 성경 신명기 말씀을 써서 작은 두루마리에 넣어두었다. 객가인도 학당 입구에 대련을 써서 들어오고 나가며 보고 깨우치게 하였다. 대가족사회에서 살아가는 법을 자연스럽게 익혔다.

"천석꾼은 천 사람을 거느리고 만석꾼은 만 사람을 거느리라"는 옛말이 있다. 이들은 사람을 다스릴 수 있는 지도자의 능력을 어릴 때부터 집단 속에서 자연스럽게 습득하였다. 유대인과 객가인은 외부로의 침입으로부터 살아남고 종족을 지키기 위해서 결속하였다.

"뭉치면 살고 흩어지면 죽는다."

우리나라가 해방을 맞이하고 정치적 이념으로 혼란기에 있을 때 모래알 같은 백성들을 향해서 이승만 대통령이 한 말씀이 떠오른다.

우리나라도 대가족사회에서 많은 인재를 배출하였다. 새해가 돌아오면 대문 양쪽에 '입춘대길', '가화만사성' 같은 덕담의 글을 써서 붙였다. 집집마다 가훈을 걸어놓고 대문에는 문패를 달았다. 물질보다 가문의 명예를 지키는 것을 삶의 가장 중요한 가치로 여겼다.

지금은 물질문명 속에서 핵가족사회로 변하였고 개인주의 성향이 팽배해 가고 있는 시대에 살고 있다. 교육은 백년지대계(百年之大計)라는 말이 있다. 나라의 앞날을 위한 대안이 절실한 때이다. 교육자로서 많은 깨달음이 있는 여행이었다.

환상의 섬 조도와 관매도

 여독이 겁났다. 1무 1박 2일, 밤 0시에 버스를 타고 밤새 달리는 여행은 한 번으로 족하였다. 막내딸과 함께했던 무박 2일 외도 여행이었다. 시리고 아픈 다리가 차라리 의족이라면 나을 것 같았다. 나사를 돌려 풀어서 버스 선반에 올려놓고 싶었다. 다시는 무박은 하지 않으리라 다짐하였다. 그러나 조도와 관매도는 놓치고 싶지 않았다.

 밤 0시 복정역에서 진도항(옛 팽목항)을 향해 출발하였다. 두어 시간 지나니 다리가 시리고 아팠다. 밤새 부동자세로 다리를 세우고 있으니 혈액순환이 되지 않았다. 다섯 시간을 달려서 진도에 도착하였다. 이른 아침을 먹고 진도항을 둘러보고 7시 30분 첫배를 탔다. 진도항에서 뉴스에서 보았던 세월호의 흔적들을 돌아보았다. 8년이 흘렀지만 그때의 잔재들을 목격하니 마음이 아팠다. 아직도 사람들의 발길이 뜸한 이유를 알 것 같았다.

배에 올라 떠오르는 태양을 바라보며 우울한 마음을 달랬다. 진도항에서 40분 만에 조도 창유항에 닿았다. 상조도 전망대에 올라서 새떼처럼 떠 있는 154개의 섬을 둘러보았다. 1816년 9월 베이징에 체류한 영국 사절단은 조선의 서해안을 탐사하라는 훈령을 받았다. 해군장교 바실 홀은 이곳에서 '세상의 극치'라며 감탄사를 쏟아냈다. 다음 해 영국으로 돌아가는 길에 세인트헬레나섬에 유배되어 있던 아버지의 친구 나폴레옹 보나파르트를 만나 조선에 관한 이야기를 전하였다. 그는 고국에 돌아가서 《조선 서해안과 류큐 항해기》라는 탐험기를 발간하였다. 러시아의 조선 진출을 견제하기 위하여 거문도를 해링턴항구라고 부르며 영국군이 1885년부터 2년간 불법 점령하였다. 조도가 남쪽에 있었더라면 상황이 달라졌을지도 모를 일이다. '해가 지지 않는 나라 영국'이 우리나라와는 상관없는 줄 알았는데 하마터면 식민지가 될 뻔 알았다.

조도대교를 지나서 하조도 등대에 올랐다. 이곳은 남해안과 서해안을 운항하는 선박의 주요 길목이다. 우리나라에서 물살이 가장 빠른 곳이 명량수도(울돌목)와 이곳 장죽수도라고 한다. 이순신 장군이 1597년 임진왜란 당시 좁은 바다 길목과 빠른 물살을 이용하여 대승을 거두었다. 1909년 2월 물살이 빠른 장죽수도의 안전한 뱃길을 안내하기 위하여 이곳에 등대가 세워졌다. 등대 위 운림정에 올라서 탁 트인 바다를 바라보았다. 서해의 일몰이 장관이라고 한다.

　조도를 둘러보고 오후 1시 30분 배를 타고 40분 만에 관매도항에 도착하였다. 새벽에 아침식사를 하고 늦은 점심이라 시장이 반찬인지 톳칼국수를 맛있게 먹었다. 솔밭식당 겸 민박집에 숙소를 정하고 관매도 관광에 나섰다.

　마실길 입구에 들어서자 메밀꽃밭이 먼 곳에서 온 손님을 반긴다. 함지박 모양의 너른 들판에 좁은 밭이랑 풍경들이 국립공원 제1호 명품 마을을 상징하는 것 같다. 인간의 욕망을 자제하고 자연 그대로의 모습을 간직하려는 주민들의 바람이 엿보인다. 돌담 사이로 마실길을 걷는데 고향 생각에 코끝이 시큰거린다. 모두가 가난하였지만 함께 누리며 살았다. 떡과 음식을 가져오면 누구네 제삿날이라는 것을 동네 사람들이 훤히 알았다. 저녁식사 시간에는 열린 대문 사이로 깡통을 들고 거지들이 스스럼없이 들어왔다. 밥과 반찬을 덜어주는 것이 동네 인심이었다. 조금씩 나누면서 살아가는 것이 당연한 줄 알았다. 부드러운 산들바람이 내 마음을 눈치챈 듯 토닥토닥 얼굴을 어루만져준다. 영혼을 치유하는 섬이라는 별칭처럼 가슴 내면으로 평화가 스며든다.

　동네 한 바퀴를 돌고 뒷산으로 올라갔다. 코로나 영향인지 사람들의 발길이 닿지 않았다. 우리는 곰솔 숲길로 내려왔다. 1600년경 강릉 함씨가 마을을 이루고 주민들이 방풍, 방사림을 조성하였다. '마을 처녀가 모래 서 말을 먹어야 시집을 간다'고 할 정도로 겨울엔 북서풍 바람이 세찼다. 주민들이 한 그루씩 묘목을 심고 억새를 엮어서 바람을 막았다. 그렇게 정성을 들인 결과 지금은 4,600그루 소나무가 해변을 따라 병풍처럼 마을을 아늑하게 감싸고 있다. 2010년 전국에서 가장 아름다운 해송 숲으로 선정되었다. 관매해변은 호수처럼 잔잔하였다. 썰물로 빠져나간 백사장은 고운 모래로 물결무늬를 그려놓았다. 바다 위로 떨어지는 일몰을 바라보니 밤에 떠나온 여행의 피로가 말끔히 씻겨졌다. 회정식으로 저녁을 먹고 해변으로 나왔다. 해송숲 소나무 사이로 별들이 초롱초롱 나타나기 시작하였다. 어릴 적 마당에 모닥불을 피우고 평상에 누워서 바라본 별들이다. 오염된 도시에서 별들을 그리워하며 살았다. 유난히 반짝이는 별들을 오랜만에 보았다. 해변에서 불빛을 등지고 걸었다. 더 많은 별들과 눈맞춤을 하고 싶어서….

  잔잔하게 들려오는 파도소리와 반짝이는 별들을 따라서 바다를 향해 계속 걸어갔다. 입자가 고운 모래사장은 사부작사부작 걷기에 안성맞춤이었다. 한참을 걸어가다 바다에서 빠져 죽은 영혼들이 손짓한다는 말이 생각났다. 우울증을 앓던 지인도 스페인 마요르카섬으로 향하던 크루즈에서 바다에 실종되었다. 어두운 밤바다에 겁이 나서 그만 발길을 돌렸다. 관매 8경 중 관매해변이 1경이고 나머지는 배를 타고 볼 수 있다고 하였다.

다음 날 다행히 어선을 빌려서 배를 타고 한 바퀴 돌았다. 푸르른 바다 위에 기암괴석들의 절경을 바라보니 카프리섬과 닮았다고 일컫는 말들이 이해되었다. 한국의 카프리는 소매물도라고 알고 있었는데 이곳도 매우 흡사하였다. 〈돌아오라 소렌토로〉 노래 대신에 '아리랑 아라리요, 어기여차 뱃놀이 가잔다~' 흥에 겨워서 우리나라 민요를 합창하였다.

마지막 여정으로 하늘다리까지 트레킹을 하였다. 관호마을 언덕에서 바라본 파란 하늘과 바다는 경계가 없었다. 마을이 정겹게 이어주고 있었다. 자연과 사람이 어울려 사는 이곳이 천국이었다. 관매항을 떠나며 손을 흔들었다. 내년 유채꽃이 필 때 다시 만나자고.

환상의 섬 조도와 관매도를 가슴에 안고 돌아왔다. 메밀꽃밭이 눈에 선하다. 따뜻한 남쪽 나라 그곳이 돌아가고 싶은 고향이다.

풍도楓島 붉배

 봄의 전령사 야생화로 유명한 곳을 다녀왔다. 풍도 붉배에 앉아서 바다를 바라보았다. 군대의 함성이 들리는 듯하였다.
 서해의 섬 여행은 인천 연안여객터미널에서 시작한다. 서쪽에서 가장 먼저 봄을 느낀다는 풍도에 가고 싶었다. 인천에서 정기여객선으로 하루 1회 운항하여서 1박 2일로 다녀올 수 있는 곳이다. 엄두를 못 내고 있는데 당일 코스로 갈 수 있다는 희소식을 전해 왔다. 풍도는 경기도 안산시에서 서쪽으로 24km 떨어진 곳이고 방아머리 선착장에서 1시간 30분 배를 타고 간다. 하지만 지리적으로 더 가까운 곳은 충남 서산시 대산읍 삼길포항이다. 임시로 운항하는 해양관광유람선을 타고 50분만 가면 풍도에 닿을 수 있다. 작은 굴업도라는 별칭인 이곳은 휴전선 이남에서 최서단의 위치에 있다. 새벽부터 서둘러 풍도 선착장에 도착하였다. 자유롭게 섬을 돌아보고 배를 타고 돌아가는 하루 일정이다.

조그마한 어촌은 평화로웠다. 한때는 주민이 1,000명이 넘었지만 지금은 120여 명이 살고 있다. 마을 어귀를 지나서 야트막한 후망산(176m)으로 향하였다. 이십여 분 올라가니 은행나무가 보였다. 수호신처럼 마을을 내려다보며 우뚝 서 있었다. 500년 수령인데 위풍당당하였다. 성균관 명륜당 500년 된 은행나무와 비교가 되었다. 서울 도심에서 거대한 몸을 지지대에 의지하고 겨우 서 있기 때문이다. 나는 두 팔을 벌려 나무를 안아보았다. 천년도 끄떡없을 것 같았다. 이 은행나무 때문에 단풍이 아름다운 풍도楓島라고 유래된 것 같다. 오르막 오솔길 양쪽에 복수초가 보이기 시작하였다.

코로나19가 유행할 때 풍도 주민 이외는 입도를 금지했다. 사람들의 발길이 뜸한 까닭에 융단을 깔아놓은 듯 노란 꽃들이 지천이다. 낙엽 이불을 헤치고 밖으로 빼꼼히 모습을 드러낸다. 긴 겨울잠에서 기지개를 켜고 노란색 꽃이 잎보다 먼저 나온다. '복'과 '장수'를 뜻하는 꽃 이름도 희망을 부른다. 무릎을 꿇고 양팔을 땅에 딛고 납작 엎드린다. 야생화와 눈 맞춤을 하니 방긋방긋 아이처럼 웃어주는 것 같다. 배시시 나도 미소가 번진다. 굳게 닫힌 마음의 빗장이 열린다. 풍도바람꽃도 어서 오라고 고개를 살랑거린다. 새하얀 꽃받침 속에 초록과 보라색 꽃술이 조그만 구슬 모양으로 세공이 섬세하다. 이곳에서만 자생하는 꽃이다. 보송보송 아기 솜털 같은 노루귀가 하얀색과 보라색으로 나무 아래에 오손도손 피어있다. 어쩜 이렇게 사랑스러운 꽃들이 탄생할 수 있을까 감동이다. 유안진 시인의 〈들꽃 언덕에서〉 시구가 저절로 읊조려진다.

들꽃 언덕에서 알았네
값비싼 화초는 사람이 키우고
값없는 들꽃은 하느님이 키우시는 것을
그래서 들꽃 향기는 하늘의 향기인 것을.

후망산 정상은 표지석도 없다. 능선을 따라 내려가니 가파른 해안가 양지바른 곳에 풍도대극이 군락을 이룬다. 대한민국 야생화 100대 명소인 이곳에서만 자생하는 꽃이다. 흙을 뚫고 나올 때는 붉은색을 띠지만 꽃을 피울 때는 연둣빛으로 변해간다. 꽃 싸개 잎 안에 5개의 수술과 1개의 암술이 질서정연하게 배열되어 있다.

붉배라고 불리는 붉은 바위에 걸터앉아 바다를 바라본다.

1894년 7월 25일 이곳에서 청일전쟁이 시작되었다. 우리나라는 임오군란 이후 갑신정변의 실패로 궁궐에서 청나라가 주도권을 쥐고 있었다. 10년 후, 계략을 꾸민 일본군 함대가 풍도 앞바다에 주둔해 있던 청나라함대를 공격하였다. 대승을 거둔 일본은 동아시아 지역에서 제국주의 국가로 도약하는 발판이 되었다. 청일전쟁과 러일전쟁을 승리로 이끈 '도고 헤이하치로' 제독은 "동해에서는 독도, 서해에서는 풍도를 차지해야 한다"는 말을 남겼다고 한다. 일본은 대승 후에 풍도楓島 이름도 풍도豊島라고 바꾸었다. 일본은 승리의 역사를 교과서에 기록하였고 도고 제독을 동양의 넬슨으로 존경하고 있다. 중국은 패전의 도시 웨이하이에 박물관까지 세워서 패배를 교훈으로 삼고 있다. 그런데 우리나라는 침묵하고 있었다.

서쪽하늘 붉은노을은 바다와 붉은 바위를 더 붉게 물들인다. 127년 전의 전쟁의 함성이 들리는 듯하다. 외딴섬 풍도에서 주민들은 영문도 모른 채 열강들의 전쟁을 지켜보아야 했다. 바다에서 떠내려온 수많은 청군의 병사들 무덤이 아직도 이곳에 남아있다. 우리나라는 최근에 풍도豊島 이름을 다시 원래의 뜻인 풍도楓島로 바꾸었다. 풍도해전에 대한 역사적 사실을 교과서에도 기록하였다.

돌아갈 시간이 되어 배에 올랐다. 멀어져 가는 풍도를 바라보며 손을 흔드는데 눈물이 글썽거렸다. 야생화 천국에서 애국심을 일깨웠다.

해남 달마산 도솔암

　우리 일행은 체력에 따라서 세 코스로 정하였다. 도솔암까지 무난하게 산행하는 팀과 처음부터 버스와 콜택시를 연계하여 도솔암에 올라가는 팀 그리고 달마고도를 걷다가 급경사가 나오면 임도에서 택시를 이용하는 팀으로 나뉘었다. 나는 급경사 부분만 자신이 없었다.

　미황사에 도착하였다. 화장실에 다녀오니 주변에 아무도 없었다. 시작부터 뒤처지기 시작하였다. 순간 버스를 이용하는 팀과 편하게 갈까 하는 생각이 스쳤다. 가이드에게 전화를 하였다. 뒤를 돌아보라고 하면서 손짓하였다. 헐레벌떡 따라가기 시작하였다. 달마고도 4코스는 낮은 산길이어서 걷기에 안성맞춤이었다. 불갑사에서 용천사로 넘어가는 구수재보다 훨씬 수월하였다.

　편백나무숲을 지나고 아기자기한 오솔길을 2km 정도 걸었을 때 커다란 바위 골짜기가 나타났다. 너덜겅이었다. 너덜겅은 5만~10

만 년 전 규암 덩어리가 수축과 이완을 반복하다 부서져 사면을 따라 흘러내린 것을 말한다. 멀리 바다와 들판이 보이고 산봉우리와 연둣빛 나무들이 병풍처럼 둘러싸였다. 자연스러운 빛깔들이 서로 조화를 이루었다. 사진으로 본 이 구간이 돌산으로 위험하게 보여서 미리 포기한 사람도 있었다. 그러나 이런 풍광을 놓쳤다면 크게 후회할 것 같았다. 해가 서산에 걸렸다. 우리는 걸음을 재촉하였다.

미황사에서 도솔암까지 5.3km인데다가 급경사 구간 300m를 남겨놓았다. 데크계단이었으면 도전할 수 있었다. 달마고도는 중장비 없이 삽과 곡괭이로 자연의 모습을 훼손하지 않고 길을 냈다고 한다. 미황사 주지 금강스님은 사람들이 산을 정복하기보다 자연과 함께 구도求道의 길을 걷기를 바랐다고 하였다. 산행이 자신이 없는 나는 일행들이 모두 이 길을 선택한다면 어떻게 하나 은근히 걱정되었다. 태백산 겨울 산행에서 정상에 혼자 떨어져 어스름한 숲길을 내려오는데 무서웠다. 다행히 몇 명이 나와 함께 임도로 향하였다.

대기하고 있는 택시를 타고 구불구불 산길을 돌고 돌아서 도솔암 주차장에 내렸다. 바람이 세차게 불었다. 800m를 올라가야 했다. 백패킹을 하는 사람이 위험하다고 만류하였다. 여기까지 왔는데 당황스러웠다. 올라가다가 더 어두워지면 내려오기로 하였다. 서둘러 오르막 고개를 막 넘어섰다. 바로 그때 눈앞에 그림 한 점이 나타났다. 눈을 번쩍 떴다. 기암괴석과 산 아래 너른 들녘과 바다는 한 폭의 산수화였다. 나약해지는 마음을 붙들며 따라나선 용기에 대한 보상이었다. 가는 길이 바빠도 어둑해지기 전에 포토존에서 인증샷을 남겼다. 드디어 도솔암에 도착하였다. 돌계단 위로 커다란 바위 틈새로 조그만 암자가 희미하게 보였다.

문득 성경 출애굽기 사건의 한 장면이 연상되었다. 광야에서 물이 없다고 불평하는 이스라엘 백성을 위하여 모세가 지팡이로 큰 바위를 내리쳤다. 바위가 갈라지고 물이 폭포처럼 쏟아졌다.

좁은 계단을 올라가니 작은 암자가 숨어 있다. 한 그루 나무가 수문장처럼 서 있다. 마당도 손바닥만하였다. 바위 사이에 축대를 쌓아서 절을 지었다. 문일식 여행작가는 "마치 허공에 떠 있는 듯 절벽 꼭대기에 세워진 모습이 신선이 머무는 무릉도원을 닮았다."고 표현하였다. 《동국여지승람》에 의하면 통일신라시대에 의상대사가 창건하였다고 한다. 정유재란 때 명량해전에서 패배한 왜구들이 해상 통로가 막혀서 달마산으로 퇴각하면서 소실시켰다. 그 후 2002년 월정사의 법조스님이 한 번도 와 보지 않은 도솔암 터가 3일 동안 꿈에 계속 보인 후 복원하였다. 이곳은 일출과 일몰을 볼 수 있는 천혜의 경관이라는데 미세먼지가 심해서 석양은 볼 수 없었다. 잠시 머문 후 하산을 서둘렀다. 내려오면서도 어둠의 커튼 사이로 보이는 풍광을 놓치고 싶지 않아서 눈에 담고 담았다. 발을 헛딛을까 긴장을 놓지 않으면서 상기된 마음은 풍선처럼 부풀어 올랐다.

TV에서 바라만 보았던 백두대간을 5년 전부터 걷기 시작하였다. 녹슨 가위 같은 발걸음으로 금대봉과 분주령에 올랐을 때 눈물이 핑 돌았다. 대덕산에 오르고 곰배령은 네 번 올랐다. 새해에 해돋이를 맞이하러 태백산에 오르는 사람들을 마냥 부러워하였다. 그래서 겨울 태백산 정상에 서게 되었을 때 가슴 뭉클하였다. 지리산 바래봉과 황매산에서는 철쭉과 눈맞춤을 하였고 안개 낀 비슬산은 마냥 신비스러웠다. 결국 남한의 금강산이라는 달마산의 비경까지 감상하였다.

포르투갈의 땅끝 까보다로까에서 콜럼버스가 1492년 신대륙을 향해 떠나는 장면을 상상하였다. 우리나라 땅끝 해남 달마산 도솔암에서 살아온 시간을 생각하니 만감이 교차하였다.

산은 나와는 상관없는 것으로 간주하였다. 세 아이의 워킹맘으로 체력은 항상 바닥이었다. 동료들과 산에 오르는 날은 산 아래에서 기다리고 있었다. 하루 24시간이 부족한 나에게 주어진 달콤한 휴식 시간이었다.

외손녀는 외할머니가 여행한 장소를 모두 다니는 게 꿈이라고 하였다. 윤동주 시인의 외삼촌 규암 김약연이 했다는 말이 생각났다.

"나의 행동이 나의 유언이다." 유언을 당부하는 후손들에게 했다는 말이다. 훗날 나도 자신 있게 이렇게 말할 수 있으면 좋겠다.

한국의 갈라파고스 굴업도

　14호 태풍 찬투의 영향으로 연기하다가 드디어 굴업도행 배가 출발하였다. 덕적도에 내려서 한 시간을 기다렸다가 굴업도 가는 작은 배 나래호로 옮겨탔다. 날씨가 좋아서 멀미는 하지 않았다. 인천항에서 덕적도까지 1시간 50분을 간 다음 덕적도에서 굴업도까지 2시간 10분이 소요된다. 하필 출발일이 짝수라 시계 반대 방향으로 배가 운행되어서 1시간이 더 걸렸다. 그래도 문갑도, 지도, 울도, 백아도의 절경에 지루하지 않았다. 저 멀리 선단여가 바다에 떠 있었다. 마침내 굴업도에 도착하였다.

　오후 1시 20분 도착한 우리는 짐과 함께 트럭에 올라탔다. 해변을 지나서 고개를 넘으니 마을이 보였다. 주민 10가구가 살고 있었다. 우리는 고씨민박으로 정하였다. 짐을 내려놓고 토끼섬의 썰물 때가 되어서 서둘러 그곳으로 향하였다. 동네를 벗어나 해변으로 나갔다. 물이 빠져나간 해변은 하늘과 바다의 경계가 없었다. 파스텔톤의 바다와 하늘이 맞닿은 그림같은 풍경에 압도되었다. 오래전 호주 골드코스트 해안에서 짙푸른 청색의 하늘과 바다가 맞닿은 풍경을 보았다. 그때는 너무 새파래서 그 속으로 빨려들어 갈 것 같은 공포를 느꼈다. 지금은 바로 눈앞에 옅은 파란색 커튼이 하늘에서 내려뜨린 것처럼 펼쳐졌다. 빛과 그림자를 극사실로 표현하는 미국의 작가 앨리스 달튼 브라운의 작품이 떠올랐다. 하늘거리는 커튼 속으로 걸어 들어가고 싶은 충동이 일어났다. 바닷물이 빠져나간 큰말해변은 따사로운 햇볕과 파란 하늘 그리고 반짝이는 윤슬, 금빛모래가 하모니를 이룬 천혜의 자연이었다.

물이 빠져나간 백사장을 걸어갔다. 해변의 끝에 붙어있는 토끼섬 길목에 들어섰다. 청록색의 바다가 호수처럼 잔잔하였다. 울퉁불퉁한 바위를 넘어서 건너편으로 내려갔다. 전국 최대 해식와海蝕窪 현상을 보기 위해서였다. 오랜 세월 동안 바닷물의 침식작용으로 깊게 파인 까만 동굴(길이 120m, 높이 3~4m)이 신기하였다.

점심식사를 하고 굴업도의 서쪽에 있는 개머리언덕 트레킹에 나섰다. 초입은 급경사이고 돌멩이계단이라 미끄러웠다. 정상에 오르니 수크령 군락지가 광활하게 펼쳐져 있고 능선길이 쭉 뻗어 있었다. 사방으로 탁 트인 전망에 서늘한 바람이 불어와 기분이 상쾌하였다. 새처럼 창공을 날고 싶었다.

굴업도의 상징 소사나무 숲속으로 계속 올라갔다. 마치 영화 아바타 숲속으로 들어가는 것 같았다. 개머리해안이 나왔다. 일출과 일몰 그리고 밤하늘의 별자리를 한 곳에서 볼 수 있는 장소였다. 젊은 이들의 백패킹 성지로 입소문이 났다. 서쪽 끝 낭개머리 위에 석양이 구름에 가려져 있었다. 멋진 일몰을 기대하였는데 조금 아쉬웠다. 날이 어두워져서 서둘러 내려왔다. 저녁식사 후 큰물해변에 밤바다 산책하러 나갔다. 밤하늘에 별은 보이지 않았지만 일행은 합창하였다.

"저 별은 나의 별 저 별은 너의 별~"

젊은 커플이 풍등을 띄우고 있었다. 우린 꿈 같은 하루를 보낸 행복감에 마냥 취하였다.

다음 날 새벽, 일기예보에 구름이 있어서 일출은 기대하지 않았다. 다만 밀물 시간의 바다를 즐기고 싶었다. 예상했던 대로 하늘엔 잔뜩 구름이 덮여 있었다. 지척에 밀려오는 파도소리를 듣는 것만 해도 좋았다. 그런데 갑자기 동쪽 하늘이 붉게 물들기 시작하였다. 하늘 전체가 점점 붉어지더니 구름 사이로 해가 살짝 비치었다. 철썩이는 파도소리와 하늘 전체를 붉게 물들인 일출의 풍광은 예기치 않은 행운이었다. 두 팔을 벌려서 선물 받은 하루의 시작을 가슴으로 가득 안았다.

아침식사를 하고 굴업도의 백미 목기미해변으로 향하였다. 지형적으로 북풍이 불어와 거대한 파도가 밀려오면서 양쪽으로 해변이 형성되었다. 모래언덕에서 내려다본 동그란 모양의 짙푸른 바다와 서도의 풍경이 아기자기하였다. 썰물 때가 되니 해변가에 코끼리 형상이 머리부터 서서히 드러났다. 물이 모두 빠져나간 자리에 코끼리 바위가 우뚝 서 있다. 오랜 세월 해풍과 파도로 만들어진 굴업도 최고의 명물이다. 좀 더 가까이 다가가니 코끼리가 바다에서 성큼성큼 나를 향해 걸어 나오는 것만 같았다. 족히 10m가 넘는 어마어마한 코끼리가 내 앞에 서 있으니 덜컥 겁이 났다. 자연이 빚은 조각작품이 볼수록 신기하였다. 코를 만지면 행운이 온다고 해서 코를 만지며 인증샷을 남겼다.

연평산은 높지 않지만 밧줄을 타고 올라가는 위험한 구간이 있어서 포기하고 마지막 일정으로 덕물산으로 향하였다. 여기저기 집터가 남아있고 붉은 모래 해변에 저수지의 흔적도 남아있었다. 목기미 해변에도 전봇대가 늘어서 있는 걸 보니 마을이 있었다는 걸 짐작할 수 있었다. 중국과 일본어선도 찾아와 1,000여 척의 배에서 민어파시가 성황을 이룬 마을이었다고 전한다. 1923년 8월 해일이 정박해 있는 300여 척의 배와 1,200여 명이 살고 있는 마을을 한순간에 삼켜버렸다. 그 후로도 민어가 잡힐 때까지 마을이 다시 형성되었으나

민어가 잡히지 않게 되자 점점 마을이 퇴락하였다.

　떠나오기 전부터 왼쪽 팔이 아파서 스틱을 짚기도 힘들었다. 하지만 쉽게 올 수 없는 섬이어서 용기를 냈다. 그림 같은 풍경 속에 마치 꿈을 꾼 것 같았다.

전사 그리스도, 체 게바라

 어디론가 훌쩍 떠나고 싶었다. 인터넷에 '풍경이 좋은 영화'를 검색했더니 〈원 위크〉였다. 젊은이가 암 선고를 받은 후 치료를 거부하고 오토바이로 전국 일주를 하는 내용이었다. 캐나다 풍경 속에서 문득 의학도 청년 둘이 오토바이를 타고 좌충우돌 남미를 여행하는 장면이 떠올랐다. 영화 〈모터사이클 다이어리〉였다. 나환자촌에서 진료하는 영화의 장면은 과연 사실이었을까? 무척 궁금하였다.
 '체 게바라' 사후 40주년을 기념해서 제작한 〈체 게바라 : 뉴맨〉이라는 다큐멘터리가 있다. 2012년 개봉되었을 당시 체 게바라 딸 '아레이다 게바라 마치'가 내한해서 국내 관객과 만나기도 하였다. 가족의 증언과 체 게바라의 육성을 직접 들을 수 있는 소중한 자료였다. 배우 문성근의 진솔하고 무게감 있는 내레이션이 다큐멘터리의 깊이를 더해주었다.
 체 게바라의 생생한 육성을 들으며 전율하였다. 귓가에 생생하게 들릴 정도로 여러 번 보고 또 보았다. 내친김에 영화 〈체 게바라〉도 감상하였다. 1부 아르헨티나는 체 게바라 저서 〈쿠바 혁명 전쟁의 기억〉을, 2부 게릴라 편은 〈체 게바라의 볼리비아 일기〉를 원작으로 제작되었다. 신대륙을 찾아 떠나온 조상들의 근원이 궁금해서 〈1492 콜럼버스〉 영화도 찾아보았다. 남미의 통일을 염원한 '시몬 볼리바르'의 개척 정신에 영향을 크게 받았다는 것을 짐작하였다.

《체 게바라 평전》을 샀다니까 딸이 정색하였다.
"엄마, 그 책 책꽂이에 있어요. 빨갛고 두꺼운 책 금방 눈에 띄잖아요."
딸들이 시집가고 책장 정리를 하면서 빨갛고 두꺼운 책을 본 것 같다. 하지만 나와는 상관없는 책으로 지나쳤다. 우리는 "공산당은 싫어요!"를 외치며 살아온 세대이다. 철저한 반공주의자인 내게 공산주의자 체 게바라가 신선한 충격으로 다가왔다. 책을 펼쳐서 읽어 내려가다가 가슴이 먹먹해서 멈추기를 반복하였다. 그의 숭고한 정신에 심장이 멎을 것 같았다.
아르헨티나 출신 의사 체 게바라는 남미 여행 중 미국 자본주의가 원주민의 노동력을 착취하는 현장을 목격하였다. 독서광인 그는 카를 마르크스의 공산주의에 관한 책도 탐독했다. 또 페루 출신 첫 부인 일다 가데아가 건네준 중국 마오쩌둥의 전기를 읽고 공산주의 사상이 더욱 공고해졌다. 그 후 멕시코에서 피델 카스트로를 만나 군의관으로 임명을 받았다. 30명이 정원인 요트 그란마호에 1956년 11월 25일 82명이 승선하였다. 3년 동안 게릴라 전쟁을 치르고 마침내 쿠바의 혁명을 완성하였다. 한때 피사로*의 전사가 꿈이었는데 쿠바 혁명으로 그는 모험심과 갈증을 다소 해소하였다.

혁명 전사로서 돈독한 신임을 받은 체 게바라는 토지개혁위원장, 중앙은행 총재, 공업 장관 등의 중책을 두루 맡았다. 그는 외교부 장관으로 해외순방길에도 오른다. 아프리카, 동유럽, 소련, 중국, 일본, 북한까지 순방하였다. 쿠바는 소련과 굳건한 동맹으로 미국과의 관계가 급격히 악화되었다. 국가 기반의 틀을 정립하고 몇 번의 해외순방길에 오르면서 자기의 신념을 굳혔다. 쿠바에서 본인의 임무를 완수한 후 다시 제2의 꿈을 안고 떠난 볼리비아에서 39세의 짧은 생의 최후를 맞이했다.

체 게바라에 대해 많은 생각들로 잠을 설쳤다. 그는 일본에서 히로시마 원폭 희생자 추모비를 참배하고 미국 제국주의에 대한 반감이 더 커졌다. 일본이 한국 등 식민지 국가들에 저지른 만행을 먼저 알았더라면 생각이 달라졌을 것이다. 은퇴 후 단란한 가정을 이루고 의사로서 여생을 보냈다면 1991년 소련 공산주의가 붕괴되는 참상을 목격하였을 것이다. 젊은 날의 패기는 연륜을 통해 완성되는데 그는 성급하였다. 역사는 한순간에 이루어지지 않는다는 것을 알고 기다리는 지혜가 필요하였다.

체 게바라의 근본적인 생각은 가난한 농민의 굶주림을 해결하고자 했다. 우리나라도 비슷한 사례가 있다. 1909년에 태어난 김용기선 생님은 가나안농군학교를 설립하고 농민운동을 시작했다. 일제강점기에 가난한 백성의 삶을 개혁하고자 집단생활을 하며 의식을 변화시켰다. '일하기 싫거든 먹지도 마라'는 신념으로 가난한 농민들에게 부지런함을 강조하였다. 그의 정신은 우리나라 새마을운동의 효시가 되었다. 독일로 광부와 간호사가 파견되어 달러를 벌어들이고 코리안은 부지런한 민족으로 '빨리빨리'의 대명사가 되었다. 독일이 라인강의 기적을 이루었듯이 대한민국은 한강의 기적을 이루었다.

쿠바는 혁명 후 50년이 지났지만 상황은 크게 나아지지 않았다. '국가에서 돈을 주면 일하는 척만 하면 된다'는 말이 나올 정도로 쿠바 국민은 나태했다. 정부에서는 교육과 보건 그리고 예술에 투자를 많이 하였다. 전 국민에게 무상교육과 무상진료의 혜택도 제공되었지만 모순이 존재하였다. 쿠바의 의사들이 15파운드의 월급으로 생활이 어려워서 두 가지 직업을 병행하고 망명하기도 하였다.

체 게바라의 진심은 남미 여러 나라가 똑같이 행복하게 살아가는 것이 주목적이었다. 시몬 볼리바르 장군처럼 남미를 하나의 국가로 생각하였다. 그는 열악한 마을을 다니며 치료를 해주고 인간의 생명을 존중했다. 천식으로 고생하며 훈련 중에도 독서와 쓰기, 사색과 연구를 멈추지 않았고 체포되기 전날까지 일기를 남겼다. 행군 중에는 시를 낭송하는 낭만주의자였다. 그의 이상향은 성공하지 못했지만 전 세계 젊은이들은 '전사 그리스도'라고 애칭하며 환호하고 있다. 그의 살신성인殺身成仁의 정신은 반세기가 흐른 후 세계의 청년들에게 성인으로 추앙받고 있다. 과연 이 땅에 유토피아는 존재하는가?

*피사로 : 잉카제국을 정복하였으며 현재 페루 수도인 리마의 건설자다.

원추리꽃과 노고단

　노고단에 원추리가 만개한 사진이 여행 공지에 올라왔다. 우리나라 최초의 국립공원인 노고단에 올랐을 때의 감동이 되살아났다. 암벽을 오르는 산이 아니기에 한 번 더 다녀오고 싶었다. 급성방광염의 후유증으로 허리디스크 통증이 재발되었고 폭염으로 숨쉬기조차 힘들지만 신청하였다.
　두 달 전, 삼성역 근처 마이아트 뮤지엄에서 관람을 하는데 배가 아프고 하혈이 있었다. 서둘러 집으로 오는 지하철을 탔다. 하지만 하혈과 통증으로 견딜 수가 없어 가까운 산부인과에 갔다. '자궁에 올 것이 왔구나' 불길한 예감이 들었다. 검사를 하고 의사는 '급성방광염'으로 진단을 내렸다. 응급실에서 주사를 맞고 안정을 취하였다. 치료받고 통증은 사라졌지만 허리디스크 증세가 다시 나타났다. 몸의 컨디션도 예전 같지 않았다. 아이들은 아프면서 자란다는 말이 있는데 노인은 아프면서 나이를 먹는 것 같다. 70 고개 신고식을 치르는 것 같았다. 점점 출발 일이 다가올수록 겁났다. 국립공원공단에 내 이름으로 10명 탐방 예약을 하였다. 나 혼자라면 취소하고 싶지만 그럴 수도 없었다.

잠실역에서 버스에 올랐다. 오랜만에 낯익은 얼굴들을 보니 반가웠다. 차창 밖 풍경은 초록 세상이다. 충청도 전라도를 지나가니 두둥실 떠가는 흰 구름과 넓은 벌판이 더없이 평화로웠다.

4시간 만에 1,100고지 성삼재 주차장에 도착하였다. 아이들이 어릴 적 화엄사에 놀러 와서 "저기 바라보이는 곳이 노고단이란다." 손가락으로 가리키며 말해주었던 장소다. 오직 등산으로만 올라갈 수 있다고 여겼는데 1988년에 1,100m를 편히 올라올 수 있게 도로가 개통되었다. 이 도로는 '한국의 아름다운 길 100선'에도 뽑혔다.

지구온난화로 연일 폭염이 계속되고 있다. 오늘 서울은 최고기온이 37도라고 하였다. 다행히 이곳은 아고산대亞高山帶 지역이어서 서늘하였다. 우리는 삼삼오오 산행을 시작하였다. 몸이 천근만근이었다. 작년에 와 보았으니 천천히 뒤따라 가면 되었다. 야생화가 보이기 시작하였다. 산꼬리풀, 짚신나물, 참취 등 회원들이 야생화를 반기며 사진을 찍었다. 하지만 나는 오직 정상에 오르는 것이 목적이어서 눈길조차 주지 않았다. 지름길 데크계단과 돌계단을 올라가는데 땀이 비 오듯 하였다. 눈을 뜰 수가 없었다. 어깨에 두른 타월로 연신 땀을 닦아냈다. 있는 힘을 다하여 대피소에 도착하였다. 대피소 건물은 형체가 없이 허물어졌고 옆에 새 건물을 짓고 있었다. 한 달 동안 계속된 장마로 대피소 옆 급경사 오름길도 막아놓았다.

이곳 쉼터에서 점심 같은 간식을 단단히 챙겨 먹었다. 체력이 회복되고 배낭도 한결 가벼워졌다. 마지막 올라가는 임도길이 지루하였다. 아빠랑 온 아이가 힘들다고 칭얼거렸다.

"얘, 내가 힘든 것 보니까 이제 다 온 것 같다."

외손녀 생각이 나서 안쓰러웠다.

드디어 탐방지원센터 입구에 도착하였다. 예약한 바코드를 찍고 입장하였다. 배낭에서 사탕과 초콜릿을 꺼내어 아이에게 두 주먹 가득 쥐여 주었다. 원추리의 계절이라는데 긴 장마로 꽃이 별로 피지 않았다. 그러나 둥근이질풀과 동자꽃이 길 양쪽으로 길게 늘어서 환영해 주었다. 비로소 마음의 여유가 생겨서 야생화를 바라보며 미소를 지었다. 천상의 계단처럼 데크계단 위에 돌탑이 우뚝 솟아 있었다.

마침내 정상에 도착하였다. 노고단老姑壇은 할미당에서 유래한 것으로 '할미'는 도교의 국모신을 일컫는다. 통일신라시대까지 지리산의 최고봉 천왕봉 기슭에 나라의 안녕과 풍요를 위해 '할미'에게 산제를 드렸다. 고려시대에 이곳으로 옮겨져 지명이 한자어인 노고단老姑壇으로 정하였다. 조선시대에는 현재의 위치에서 서쪽으로 2km

지점에 있는 종석대(1,361m) 기슭으로 할미당을 옮겨 산제를 드렸다고 한다.

정상석에서 멋진 포즈로 인증샷을 남겼다. 벅찬 감동이 두 배였다. 청년 예닐곱의 생동감 있는 모습들이 보기 좋았다. 고등학교 동창들끼리 놀러 왔다고 하였다. 잃어버린 학창 시절이 떠올라 씁쓸하였다. 돌탑 주변을 천천히 한 바퀴 돌았다. 먹구름 커튼이 비를 뿌릴 듯 말 듯 길게 늘어뜨리고 있었다. 흘러가는 구름 사이로 숨바꼭질하듯 보이는 산능선들이 반가웠다. 산능선이 너무 예뻐서 눈에 담고 담았다. 이렇게 다시 올 줄은 미처 생각하지 못하였다.

나는 만 70세가 점점 다가오니 왠지 마음이 급해졌다. 노년에 문 밖 출입을 거의 하지 못했던 친정어머니와 친정언니의 삶이 투영되어서 겁이 났다. 워킹맘으로 살아오면서 실천하지 못한 일 중의 하나가 여유로운 산행이었다. 뒤늦게 시작하려니 몸이 따라주지 않았다. 그래도 더 늦기 전에 힘하지 않은 장소는 인내심을 가지고 다녔다. 며칠 있으면 70 고개 문턱을 넘게 된다. 이제 부정할 수 없는 70대다. 일 년의 경계선에 불과한데 갑자기 힘이 빠지고 우울해졌다. 정말 죽음이 코앞에 다가온 것 같았다. 남은 인생을 어떻게 마무리 해야 할 것인가 자신에게 묻고 되물었다.

비 오듯 땀범벅이 되고 허리와 무릎 통증을 달래가며 노고단에 올랐다. 무난한 산이라고 알려졌지만 왕초보인 나에게는 '산행'과 '올라간다' 단어에는 무조건 기가 죽었다. 그런데 노고단에 다시 오르니 잠자던 세포가 깨어나는 것 같았다. 만면에 미소가 번지고 흥이 나서 어깨춤이 절로 나왔다. 급할수록 쉬어 가라는 말이 있다. 어찌할 수 없으면 즐기라는 말처럼 비켜 갈 수 없는 운명과 길동무가 되어야겠다. 인생길 마라톤 42.195km에서 마지막 바통 터치를 하였다. 만개한 원추리꽃을 찾아왔는데 지혜로운 산인 지리산, 할미의 산인 노고단에서 진정한 삶의 지혜를 얻었다. 인생아, 고맙다!

닫는 글

    책을 묶고 보니 만감이 교차합니다. 세 살 때부터 외가에 떨어져 지내면서 외로운 섬에 살게 되었습니다. 나는 나의 삶을 지키는 수문장이 되었습니다.
    힘들 때마다 새벽기도에 나가서 하소연하였습니다.

    우리가 사방으로 욱여쌈을 당하여도 쌓이지 아니하며 답답한 일을 당하여도 낙심하지 아니하며.

-고린도 후서 4 : 8

세 아이 워킹맘으로 두 주먹을 불끈 쥐곤 하였습니다. "너는 강한 사람이야."라는 말을 살아오면서 자주 들었습니다. "당신은 강한 사람입니다." 삶이 힘들어서 약해지려는 이들에게 용기를 북돋우어 주고 싶습니다.

한 알의 밀이 땅에 떨어져 죽지 아니하면
한 알 그대로 있고 죽음은 많은 열매를 맺느니라.

-요한복음 12 : 24